펌킨스 드럼 루디먼트

싱글 스트로크와 악센트 편

전재욱 지음

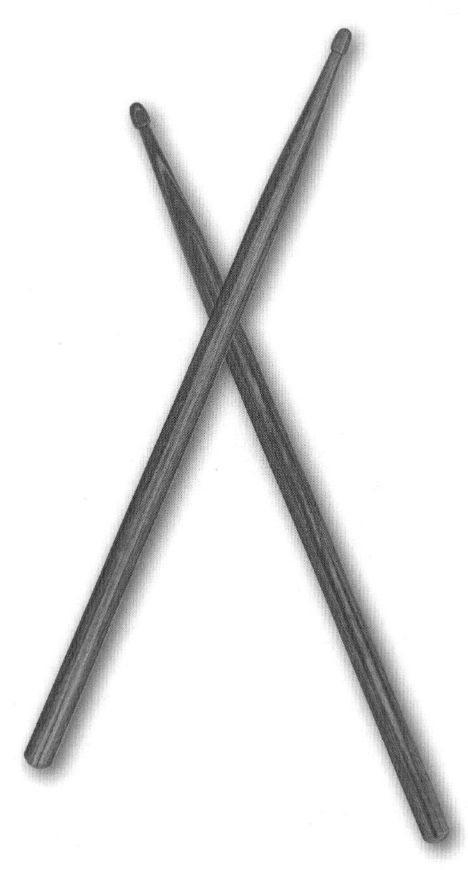

SRMUSIC www.srmusic.co.kr

차 례
Contents

PART 2 8분의 6박

PART 3 악센트

PART 4 셋잇단음표(3연음, 6연음)

PART 5 32분음표

제가 드럼을 처음 배웠던 1997년도에는 학원 선생님이 주신 드럼 교본을 제본해서 보던 시절이었습니다. 그 당시엔 한국에서 나온 교본은 거의 없었고 주로 오래전에 출판된 외국 교본들 이었습니다. 그 때는 교본 자체도 귀하던 시절이라 선생님께 책 한 권을 받으면 굉장히 설레여 했던 기억이 납니다. 요즘엔 제가 쓴 〈베이직 드럼〉 시리즈를 비롯하여 훌륭한 한국 교재들이 많이 나와 있어 드럼을 배우는 분들이 편하게 공부할 수 있음을 뿌듯하게 여기고 있습니다.

하지만!
아직 대한민국엔 제대로 된 루디먼트 교재가 나와 있지 않습니다. 제가 〈베이직 드럼〉을 내기 전의 상황처럼 너무 쉽거나, 너무 집약돼 있어 체계적으로 공부할 수 있는 교재는 아직 없습니다. 외국의 교재들은 구하기도 힘들고 너무 부분부분 되어 있어 한 눈에 볼 수 있는 책은 거의 없습니다.

〈펌킨스 드럼 루디먼트〉는 드럼 루디먼트를 가장 체계적이고 효과적으로 배울 수 있는 교재입니다. 감히 단언컨대! 과거에도 미래에도 어느 나라를 찾아봐도 이 책만큼 체계적인 루디먼트 교재는 없을 것이라 자신합니다.

〈펌킨스 드럼 루디먼트〉는 드럼을 시작하면 가장 먼저 봐야하는 필독서일 뿐만 아니라 타악기를 전공하는 학생들도 반드시 공부해야 할 교재입니다. 외국의 교재를 찾아 헤맬 필요 없이 〈펌킨스 드럼 루디먼트〉 두 권이면 루디먼트의 모든 것을 다 배울 수 있습니다.

〈펌킨스 드럼 루디먼트〉는 〈베이직 드럼〉과 〈드럼 스타일〉에 수록 되었던 루디먼트를 기본으로 하여 그 동안 레슨하면서 얻은 노하우를 더해 가장 체계적이고 효율적으로 연습할 수 있도록 책을 썼습니다. 최대한 주석을 많이 달아 혼자 공부하면 놓칠 수 있는 부분들을 옆에서 레슨 받는 느낌이 들 수 있도록 하였습니다.

〈펌킨스 드럼 루디먼트〉는 기초부터 시작하여 아주 어려운 부분까지 모두 다루었기 때문에 이 책 속의 악보들을 다 연주할 수 있다면 외국에 더 어려운 교재들과 악보들을 혼자서도 쉽게 이해하고 연주할 수 있을 것입니다.

드럼을 배우는 모든 분들이 이 책을 통해 드럼을 좀 더 체계적으로 이해하고 실력을 높이길 바랍니다.

2016년 9월
Pumpkin 전재욱

P.S.1 이 책을 다 본 후 더 고급 수준을 원하신다면 책 마지막 장에 있는 추천 교재들을 보시길 바랍니다.
P.S.2 트레이닝 부분은 매일 매일 빼먹지 말고 연습합니다!

PART 0

트레이닝

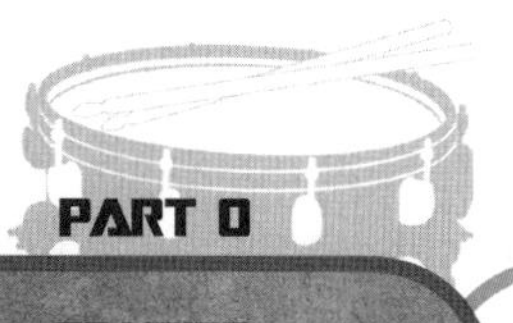

TRAINING 1

손풀기

❗ 점점 속도를 올려가며 연습하자.

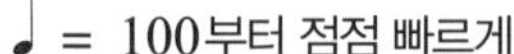

♩ = 100부터 점점 빠르게

연습 1

R R R R R R R R R R R R R R R R L L L L L L L L L L L L L L L L

연습 2

R R R R R R R R L L L L L L L L

연습 3

R R R R R R L L L L L L R R R R R R L L L L L L

연습 4

R R R R L L L L R R R R L L L L

연습 5

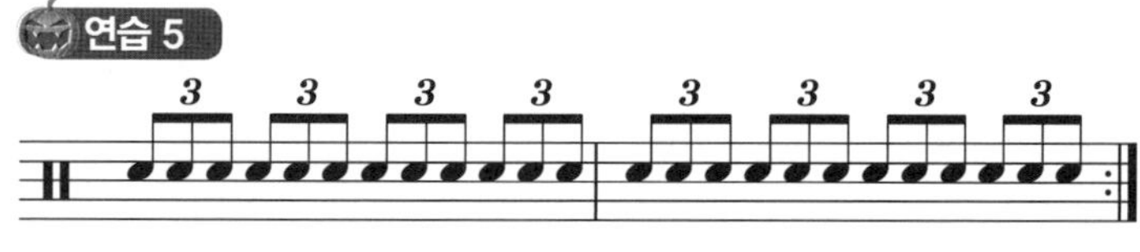

R R R L L L R R R L L L R R R L L L R R R L L L

■ 왼손 강화

연습 10 싱글 스트로크 = 4연음

R L R L R L R L R L R L R L R L

연습 11 더블 스트로크

R R L L R R L L R R L L R R L L

TRAINING 2

싱글 스트로크 강화

❗ 아래의 연습은 싱글 스트로크의 순발력을 기르는데 좋은 트레이닝이다.
연속해서 계속 치는 것보다 아래처럼 끊어 치는 것이 효율적이다. 점점 속도를 올려가며 연습하자.

연습 1

4
3 3 3 3

R L R L R L R L

연습 2

5

R L R L R R L R L R

연습 3

7
6 6 6 6

R L R L R L R R L R L R L R

연습 4

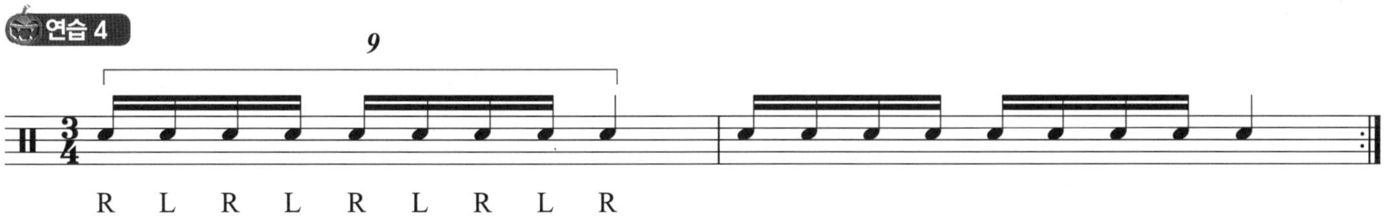

9

3/4

R L R L R L R L R

연습 5

13

연습 6

연습 7

TRAINING

3 싱글 스트로크 스피드 업

❗ 아래의 연습은 간단한 악보지만 스피드 훈련에 효율적이다. 최소 180이상까지 올릴 수 있도록 하자.

연습 1

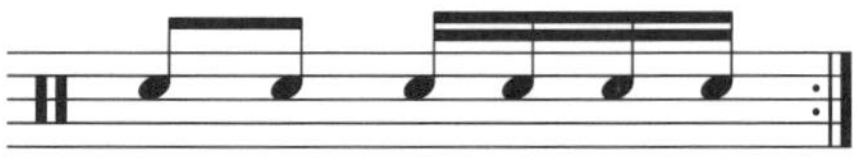

R L R L R L

연습 2

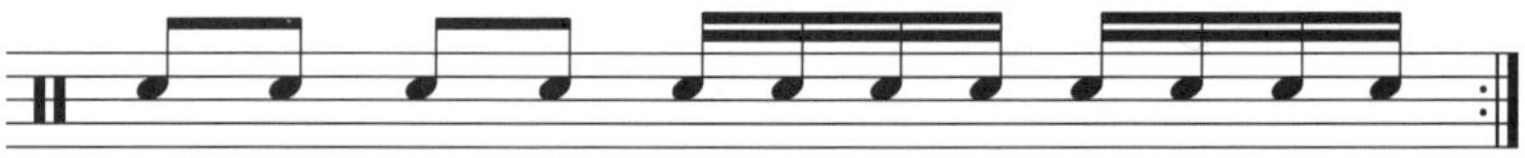

연습 3

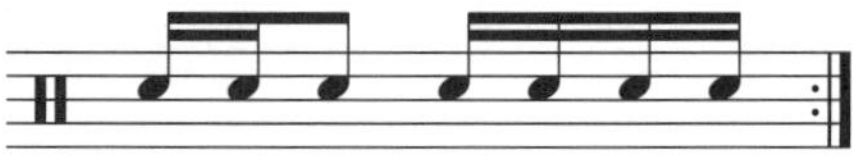

연습 4

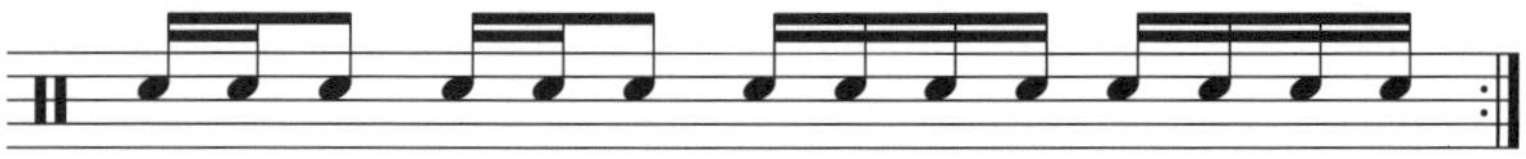

연습 5

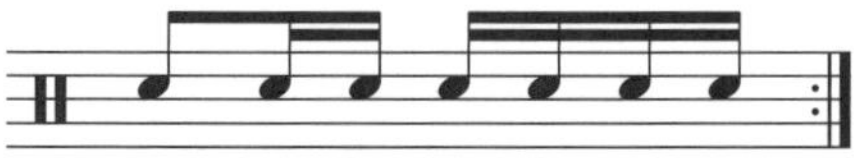

연습 6

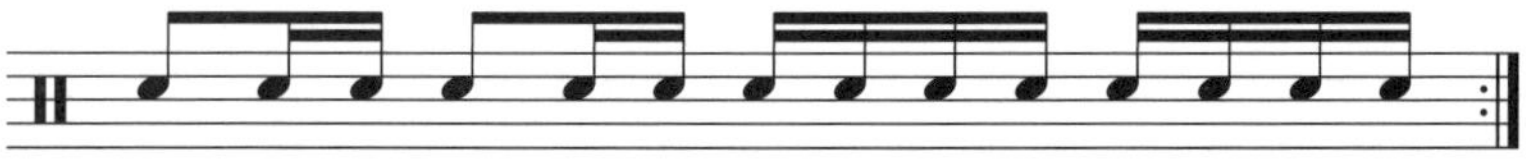

연습 7

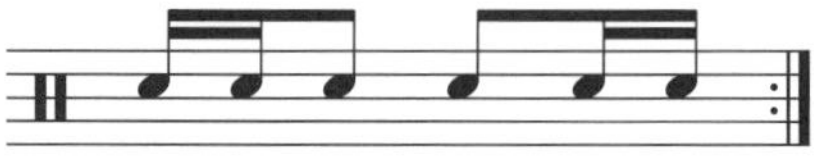

연습 8

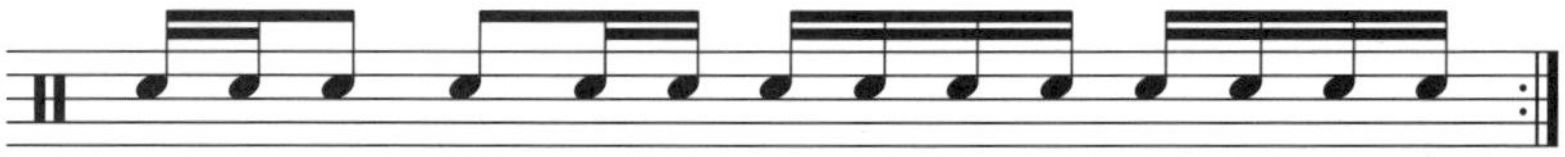

연습 9

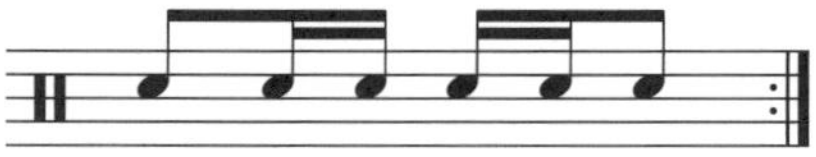

연습 10

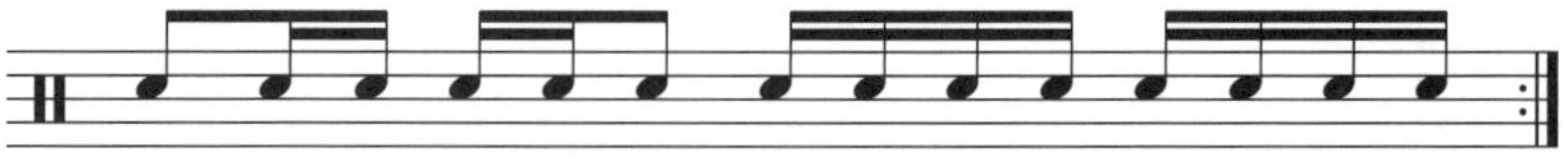

연습 11

연습 12

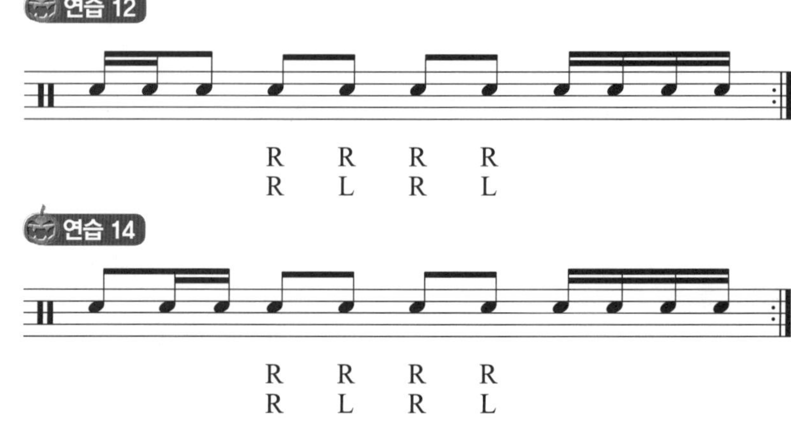

TRAINING 4 더블 스트로크, 싱글 스트로크의 강화

❗ 연습 1~8은 더블 스트로크의 강화에 도움이 되고 9~12는 싱글 스트로크의 강화에 도움이 되는 연습이다.

연습 1과 2, 그리고 연습 3과 4는 빨라지면 차이가 거의 없다.

♩ = 80부터 점점 빠르게

또는

연습 3

또는

연습 4

연습 5

연습 6

연습 7, 8은 더블 스트로크의 뒷타를 강화시켜주는 훈련이다.

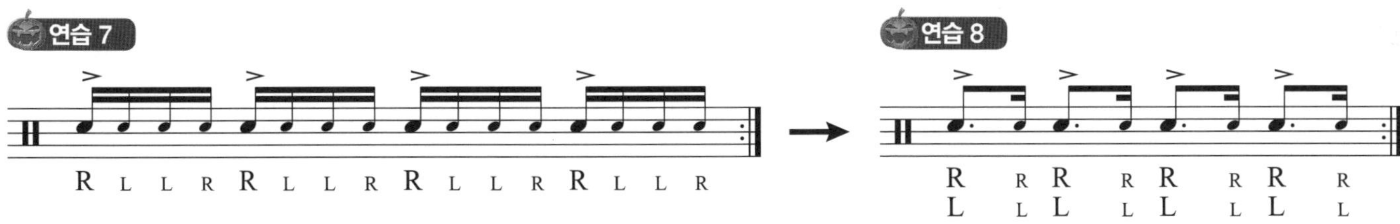

연습은 한 손의 스피드와 순발력에 좋은 훈련이다.

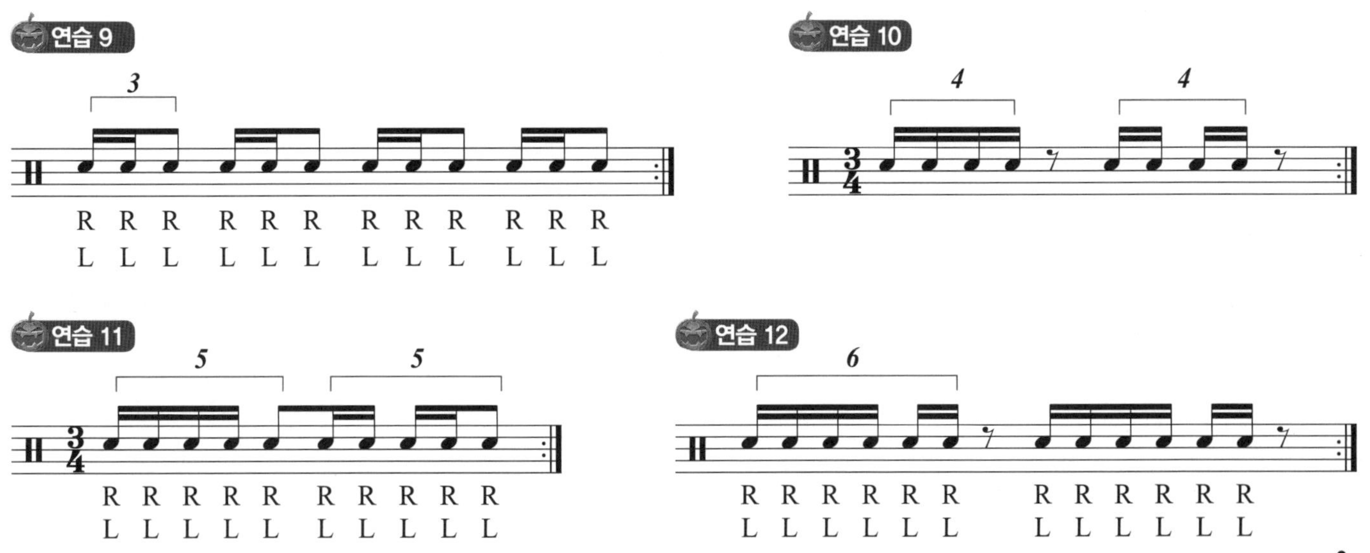

TRAINING 5 더블 스트로크 스피드 업

❗ 왼손부터 시작하는 연습을 많이 하면 왼손강화에 도움이 된다.

악센트를 넣어서도 해보고 악센트 없이도 해보자.

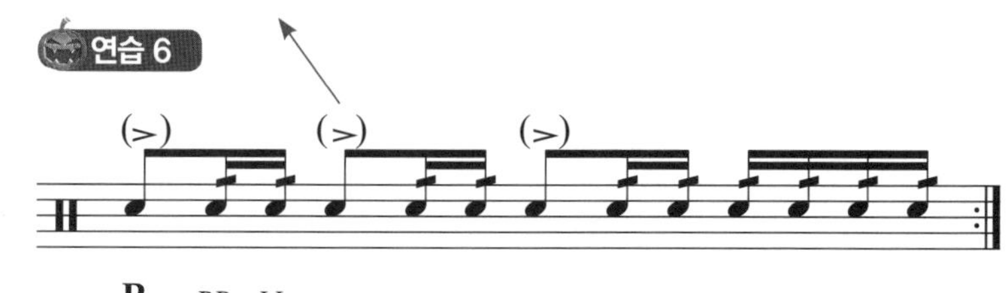

잘 안된다면 악센트 없이 먼저 연습하자.

TRAINING 6

악센트 트레이닝

❗ 풀, 다운, 업, 탭 스트로크에 대한 설명은 84, 85페이지를 참고한다.

• F : 풀 스트로크 • D : 다운 스트로크
• U : 업 스트로크 • T : 탭 스트로크

♩ = 60부터 점점 빠르게

연습 1

T T T T T T T T

R R R R R R R R
L L L L L L L L

연습 2

D T T U D T T U

R R R R R R R R
L L L L L L L L

연습 3

D U D U D U D U

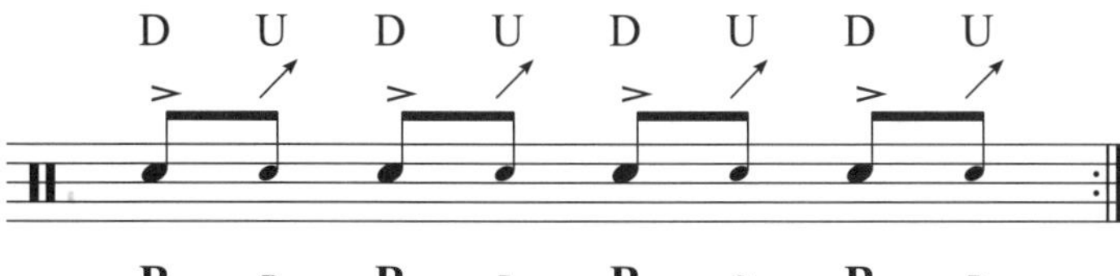

R R R R R R R R
L L L L L L L L

연습 4

D T U D T U

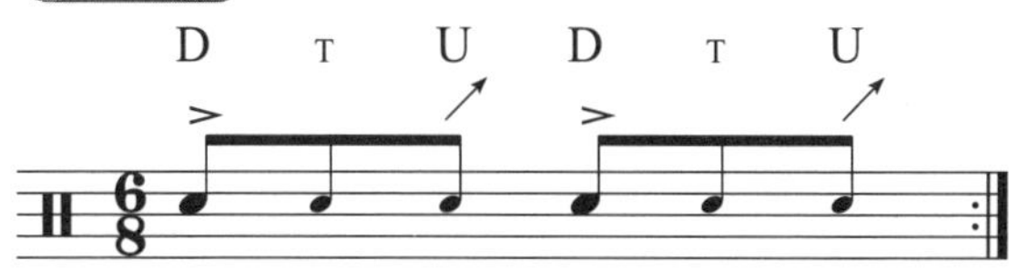

R R R
L L L

연습 5

D T U D T U D T U D T U D U D U

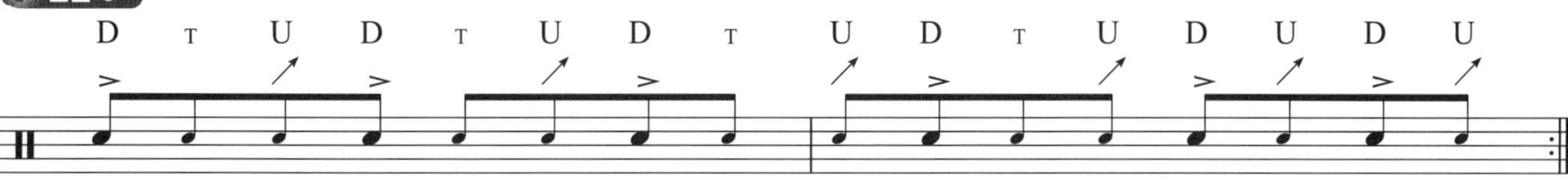

R ~
L ~

연습 6

F

F D T U F D T U

R ~
L ~

연습 7

F F

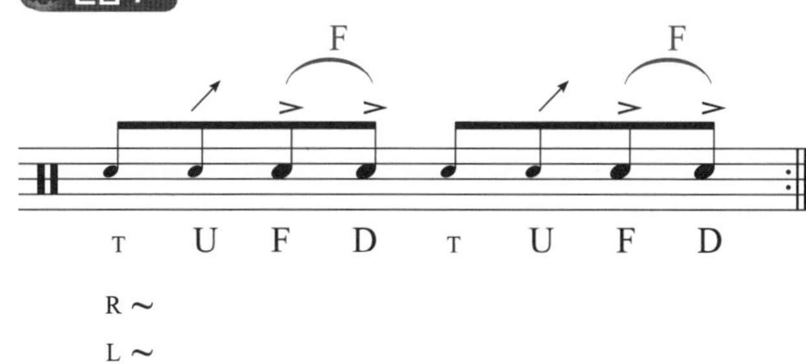

T U F D T U F D

R ~
L ~

연습 8

F F

F D T T U F D U

R ~
L ~

연습 9

R R R
L L L

연습 10

R R R
L L L

연습 11

R R R
L L L

연습 12

R R R
L L L

TRAINING 7

악센트 스피드 업

❗ 4연음 스피드 트레이닝과 병행하여 연습하자. 특히 왼손으로 시작하는 연습을 많이 하는 것이 좋다.

♩ = 100부터 점점 빠르게

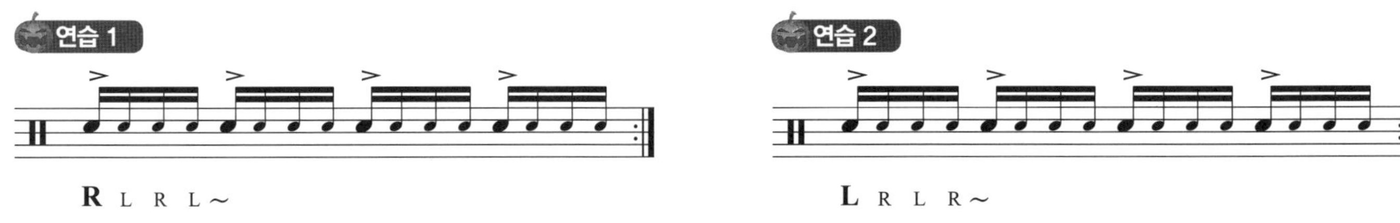

TRAINING

8 플램

❗ 아래는 필수적인 플램 연습 예제들이다.

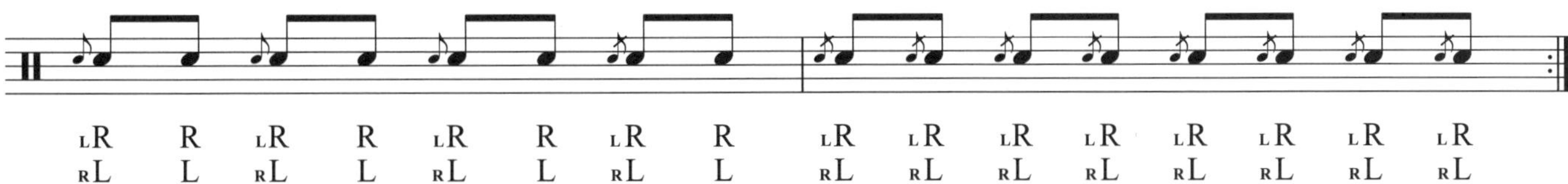

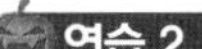

연습 4

연습 6

연습 7

연습 8

연습 9

TRAINING 9

파라디들

❗ 파라디들은 악센트 없이 먼저 연습하고 그 다음 악센트를 넣어 연습한다.

♪ = 80부터(♩ = 40)

연습 1

연습 2

연습 3

연습 4

♩ = 70부터

연습 5

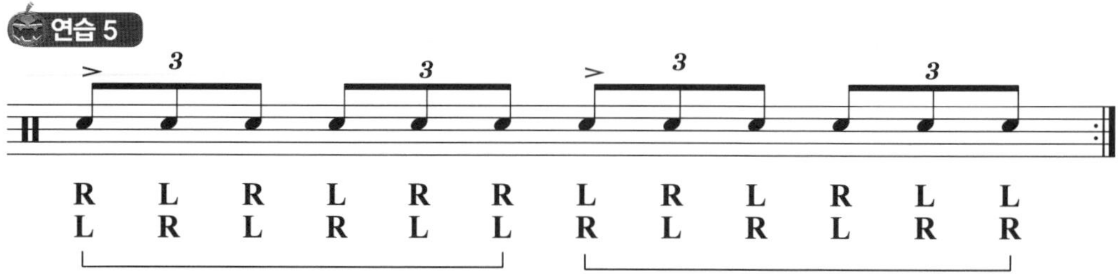

PART 1

4분음표, 8분음표, 16분음표

Pumpkin's Drum RUDIMENT

LESSON 1

4분음표와 4분쉼표

가장 기본이 되는 4분음표와 쉼표를 배워보자.

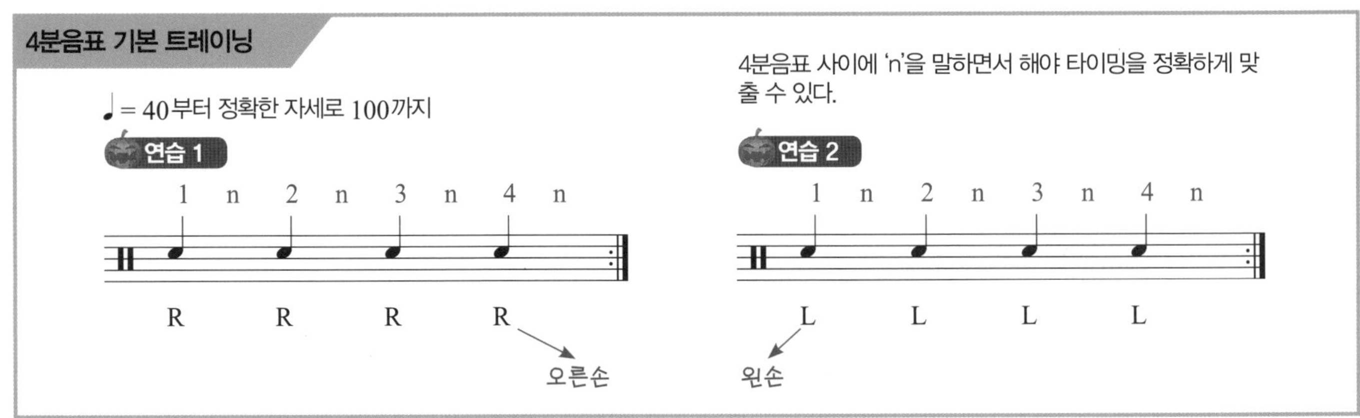

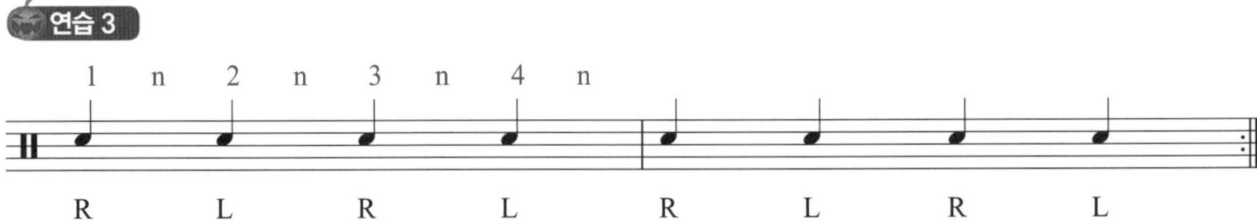

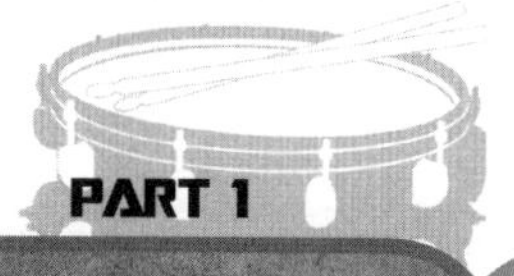

LESSON 2

8분음표

❗ 8분음표와 4분음표의 조합을 배운다.

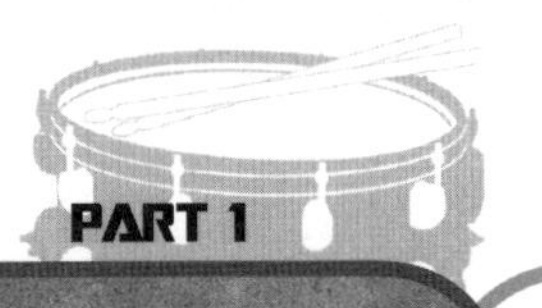

LESSON 3

4분음표와 8분음표 응용

❗ 4분음표와 8분음표의 손 규칙을 익혀보자.

LESSON 4 응용연습

❗ 항상 발박자를 하면서 연습하자.

펌킨스 Tip! 4분음표 뒤에는 반드시 'n'을 붙여서 연습해야 4분음표 간격을 정확히 유지할 수 있다.
연습할 때 4분음표가 나오면 반드시 입으로 'n'을 외치자!

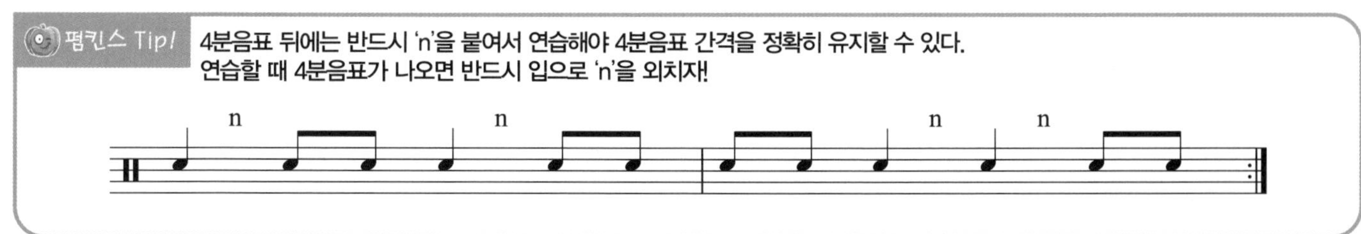

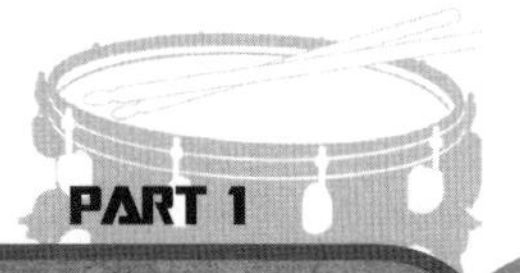

LESSON 5 응용연습

❗ 아래 점선처럼 두 박씩 끊어 보면 손 순서가 헷갈리지 않는다.

연습 1

연습 2

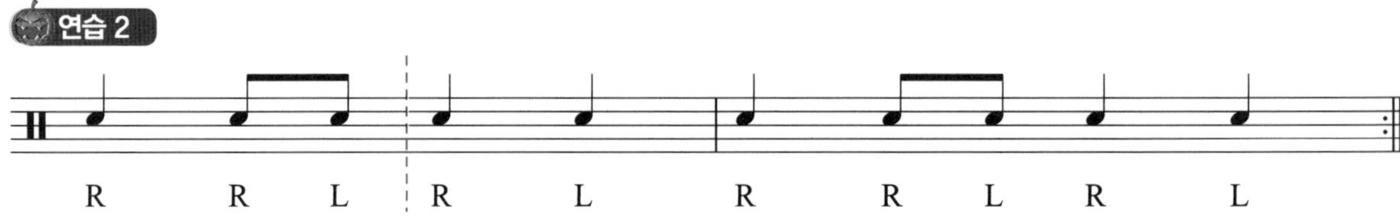

연습 3

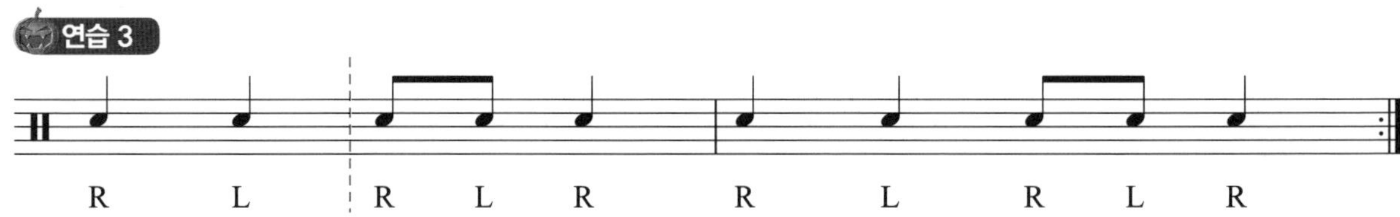

연습 4

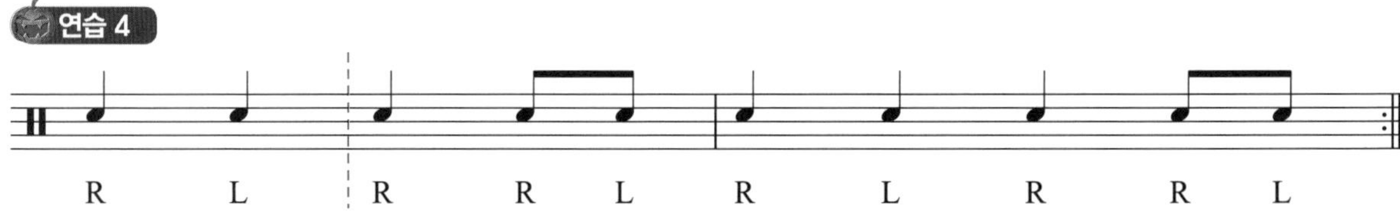

연습 5

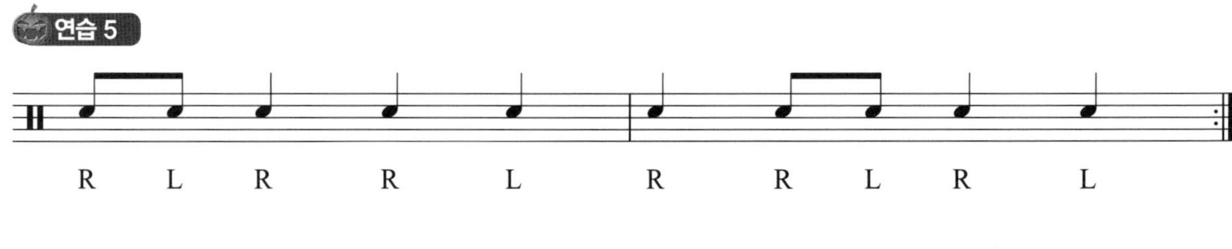

연습 6

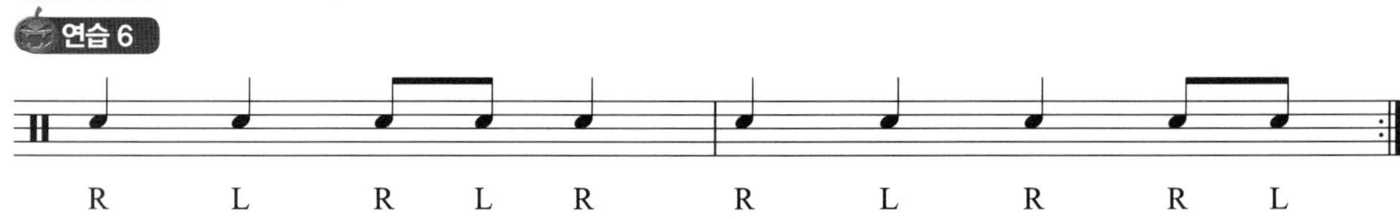

LESSON 6

응용연습

❗ 지금까지 배운 손규칙을 적용해서 연습해보자. 두 박씩 끊을 것!

♩= 100

잠깐! 손 규칙이 헷갈린다면 레슨 1~5까지를 다시 연습하자!

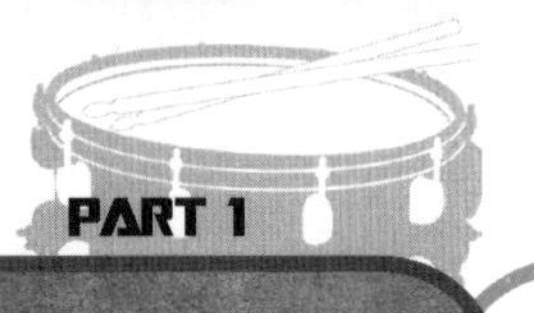

LESSON 7 응용연습

❗ 쉼표가 많이 나오는 패턴이다. 발박자 필수!

♩= 100

연습 1

연습 2

연습 3

연습 4

연습 5

연습 6

연습 7

LESSON 8 16분음표

4연음과 8분음표, 16분음표 조합을 연습한다.

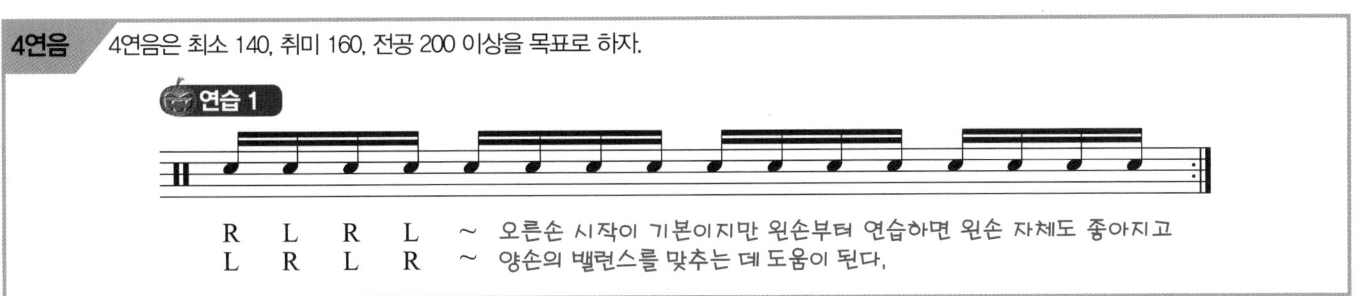

연습 2

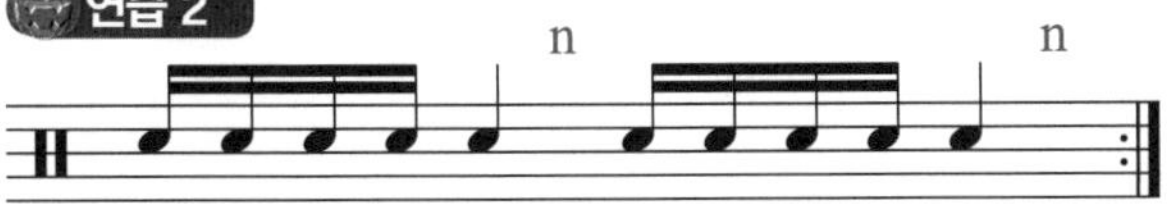

R L R L R　R L R L R
L R L R L　L R L R L

연습 3

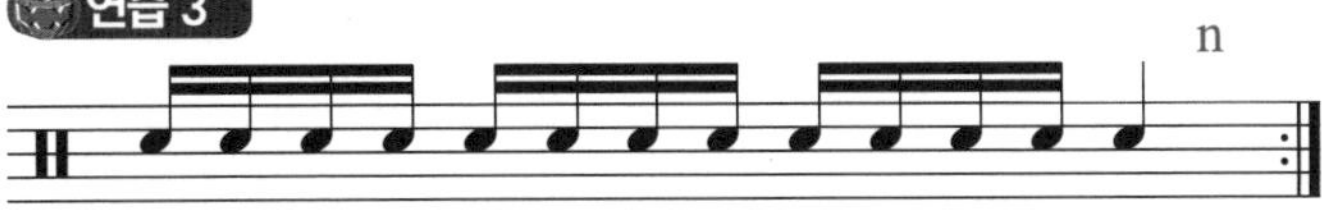

R L R L R L R L R L R L R
L R L R L R L R L R L R L

연습 4

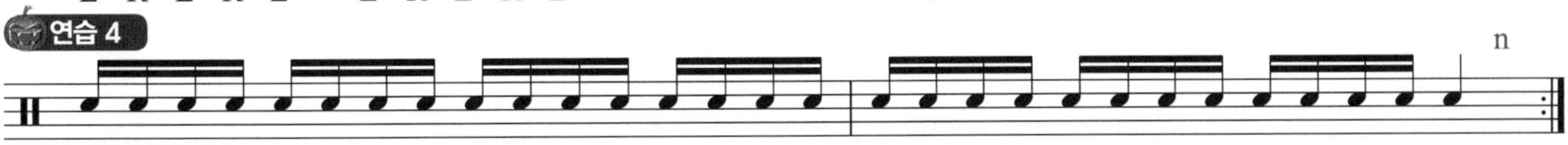

R L R L ~　R
L R L R ~　L

연습 2~6은 4연음 순발력을 기르는 데에도 도움이 되고 끊어서 맞추는 연습이기 때문에 메트로놈을 잘 맞추지 못하는 사람에게 도움이 된다.

연습 5

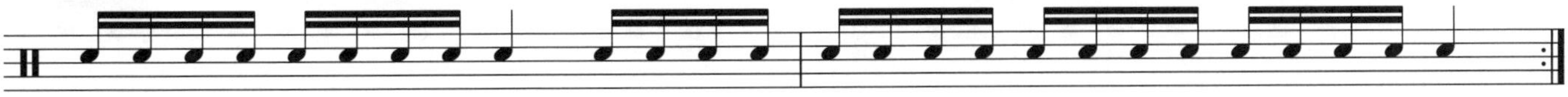

R L R L ~
L R L R ~

연습 6

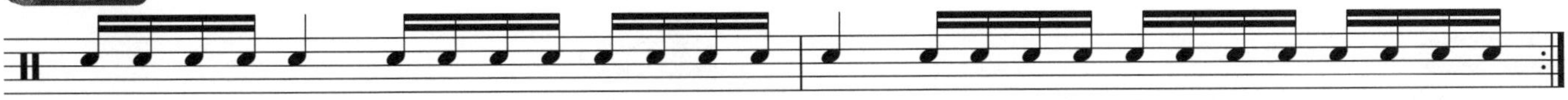

R L R L R ~
L R L R L ~

연습 7

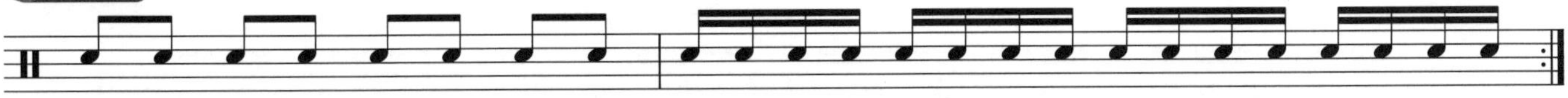

R L R L R L R L　R L R L ~
L R L R L R L R　L R L R ~
R R R R R R R R　R L R L ~
L L L L L L L L　L R L R ~

연습 8

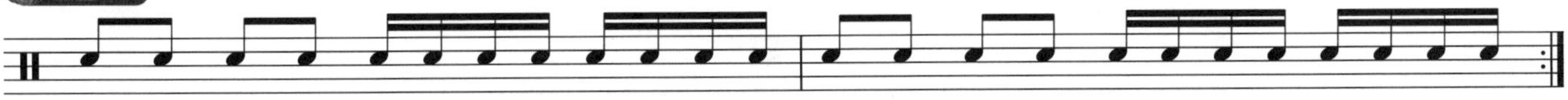

R L R L　R L R L R L R L
L R L R　L R L R L R L R
R R R R　R L R L R L R L
L L L L　L R L R L R L R

LESSON 9

16분음표와 8분음표의 조합

❗ 가장 많이 쓰이는 리듬 두가지를 확실히 마스터 하자.

♩= 최소 100 ~ 160 ⟶ 최소 100이라는 것은 잘 안되더라도 100정도만 칠 수 있으면 다음으로 넘어가도 된다는 의미이다.

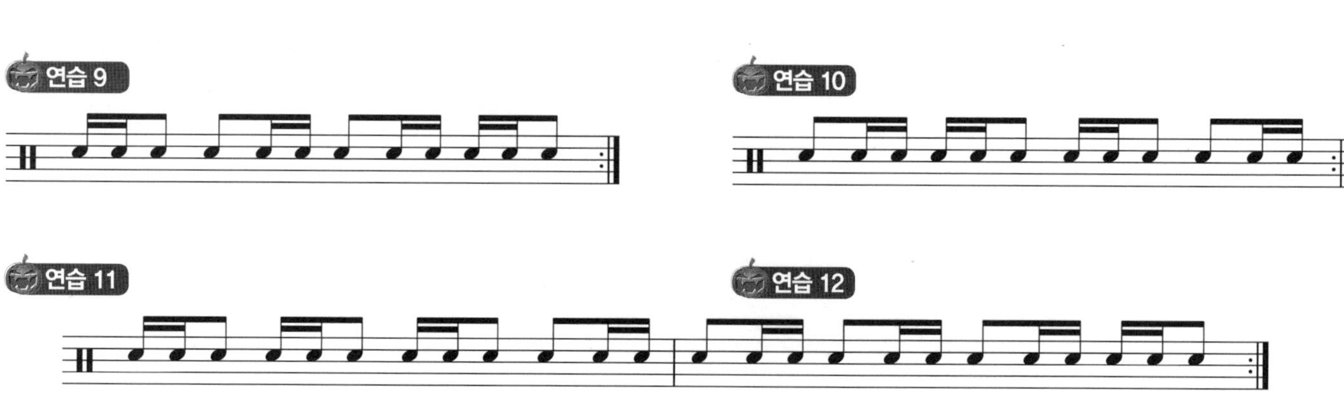

LESSON 10

응용연습

❗ 리듬이 정확하게 쳐 진다면 속도를 많이 올리자. 160정도는 나올 수 있도록!

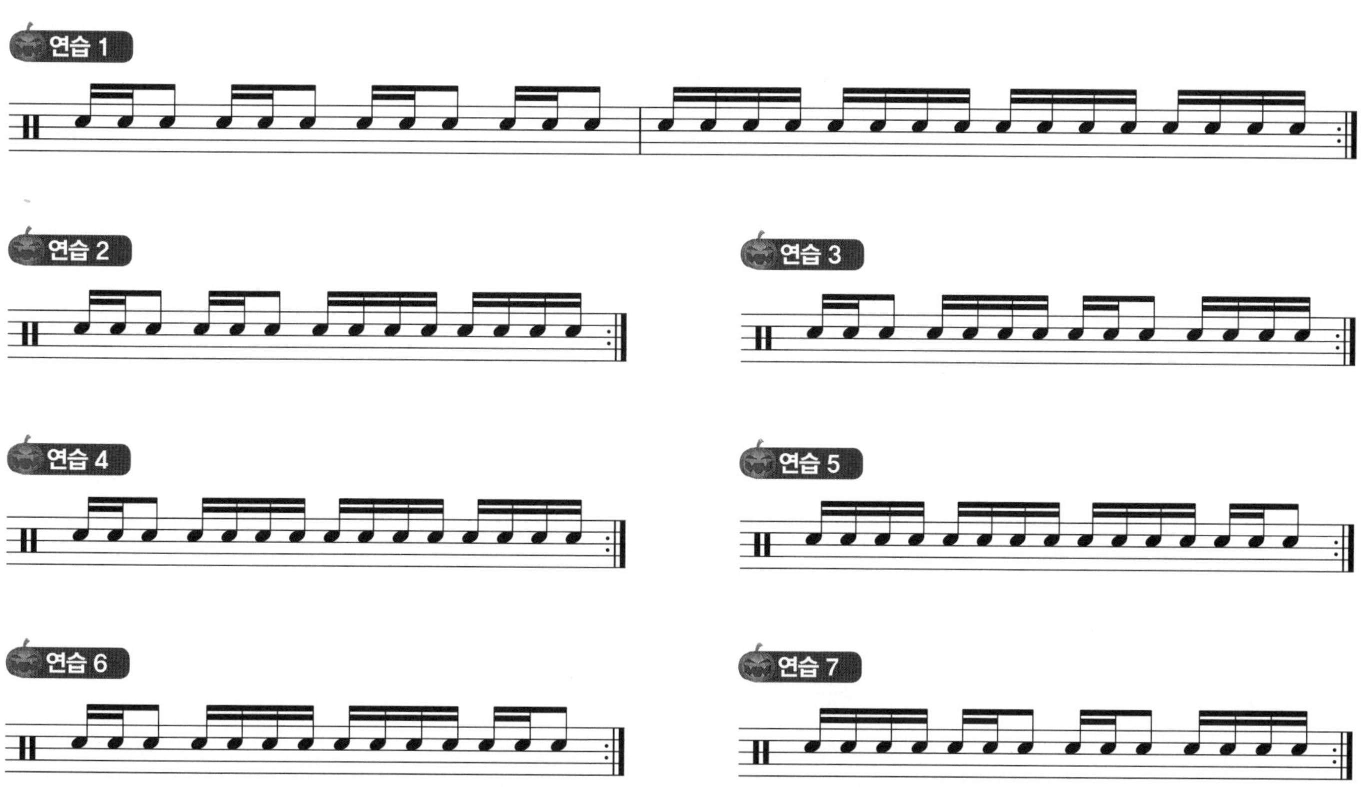

잠깐! 모든 연습에서 오른손 동작과 간격은 변하지 않는다.
악보를 외우고 오른손을 보면서 자세를 체크하자.

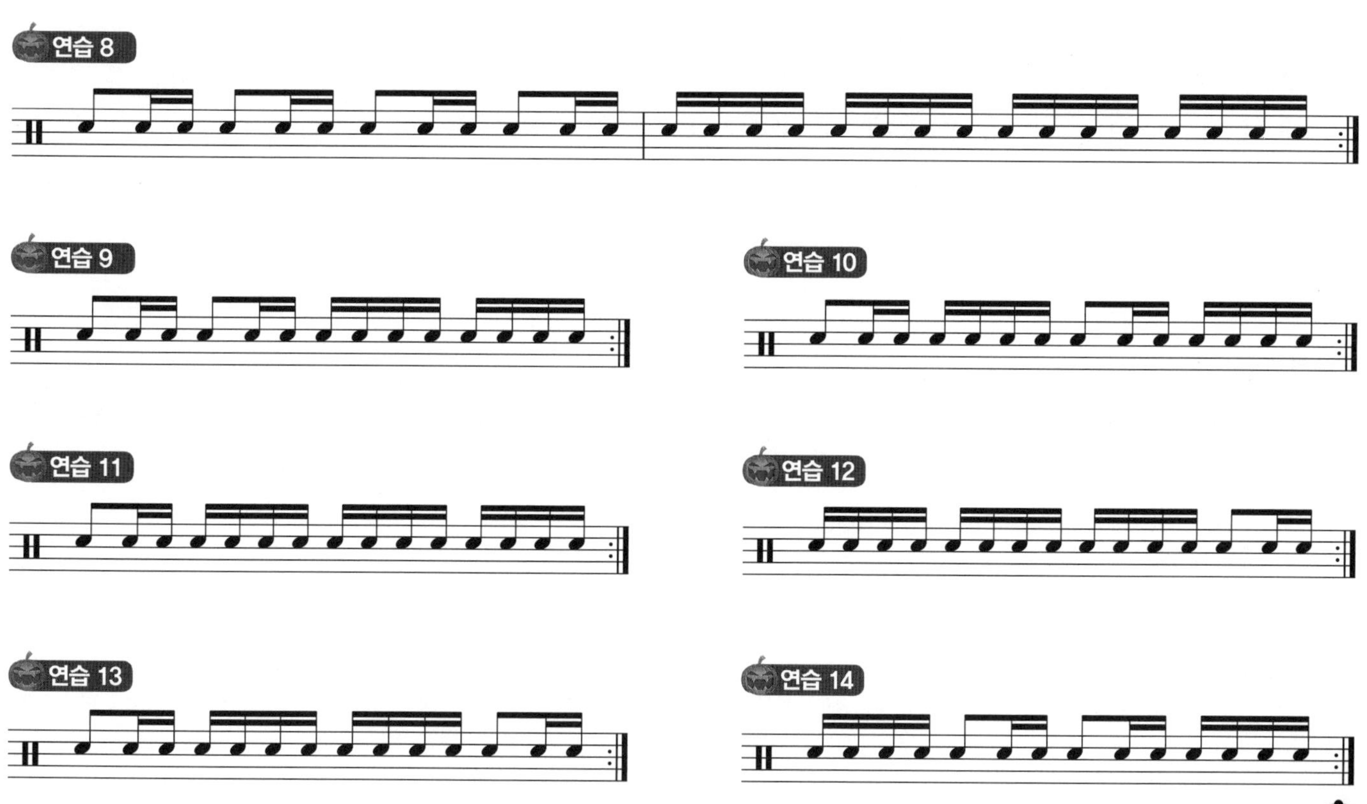

LESSON 11 오른손의 간격을 일정하게 하는 연습

❗ 오른손 동작이 일정해야 정확한 리듬이 나온다.

연습 1

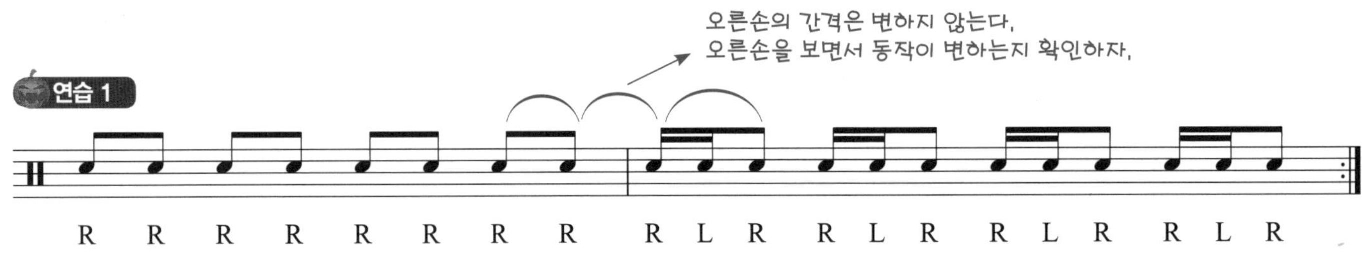

연습 2

연습 3

연습 5

연습 6

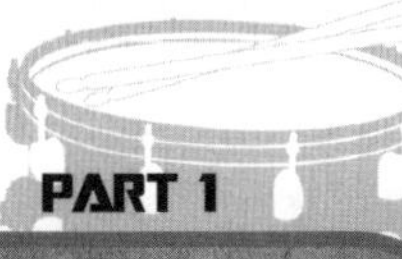

LESSON 12 응용연습

❗ 8분음표와 16분음표를 정확한 자세로 연습하자.

연습 1

연습 2

연습 3

연습 4

연습 5

연습 6

연습 7

연습 8

연습 9

연습 10

연습 11

연습 12

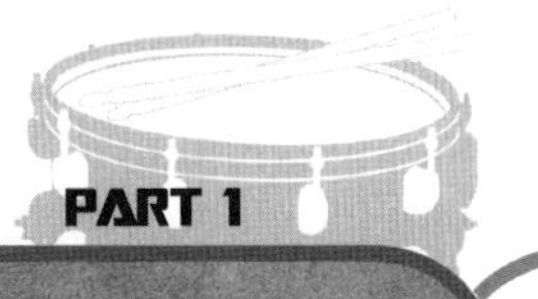

LESSON 13 응용연습

연습 1

연습 2

연습 3

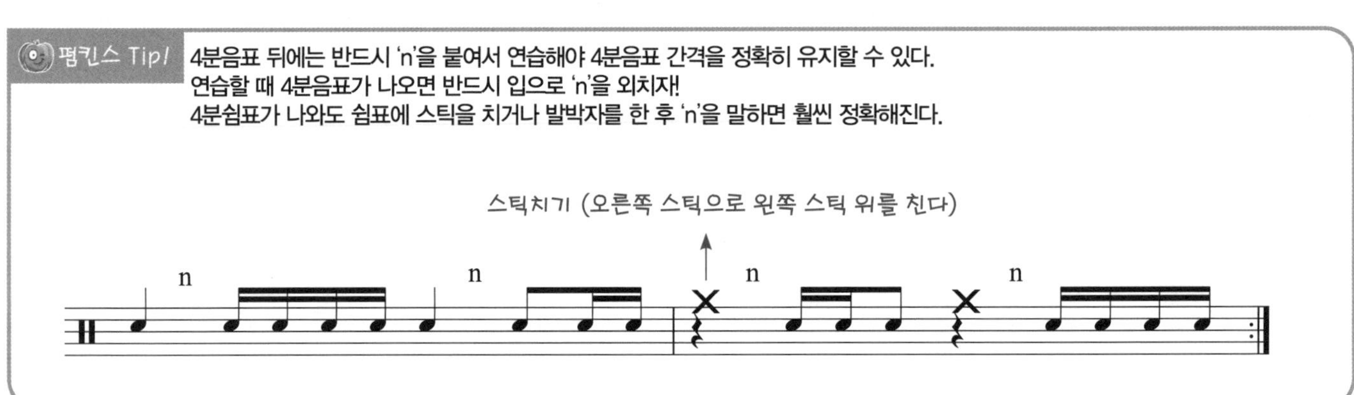

펌킨스 Tip!

4분음표 뒤에는 반드시 'n'을 붙여서 연습해야 4분음표 간격을 정확히 유지할 수 있다.
연습할 때 4분음표가 나오면 반드시 입으로 'n'을 외치자!
4분쉼표가 나와도 쉼표에 스틱을 치거나 발박자를 한 후 'n'을 말하면 훨씬 정확해진다.

LESSON 14 응용연습

❗ 발박자 필수!

♩= 100 ~ 160

연습 1

연습 2

연습 3

잠깐! 손이 빠르다고 해서 빠른 것만 연습하면 안된다.
느린 곡도 많기 때문에 느린 템포에서 정확하게 치는 연습도 잊어선 안된다.

연습 4

연습 5

연습 6

연습 7

LESSON 15 8분쉼표 (헛치기)

❗ 8분쉼표를 이용한 엇박과 헛치기를 익혀보자.

8분쉼표 부분에 마치 치는 것처럼 동작을 해주는 것을 헛치기라 한다.
8분음표 치는 것과 같은 동작으로 스네어에 닿지 않게 실제 치는 것처럼 움직여 준다(익숙해지면 헛치기 동작을 작게 해도 된다).
중요한 것은 오른손이 헛치기를 할 때 왼손을 반대로 올려놔야 한다는 것이다.
그래야 엇박 'n'에 정확히 칠 수 가 있다.

※ 세트 드럼의 탐탐에서는 엇박을 오른손으로 치는 경우가 많다.

발박자 쿵 소리와 헛치기 타이밍을 같게!
오른손 헛치기를 할 때 왼손은 반대로 들어준다.

발박자와 함께 연습하자! 쉼표부분에 정확하게 떨어지도록 연습해야 더 정확하게 연주할 수 있다.

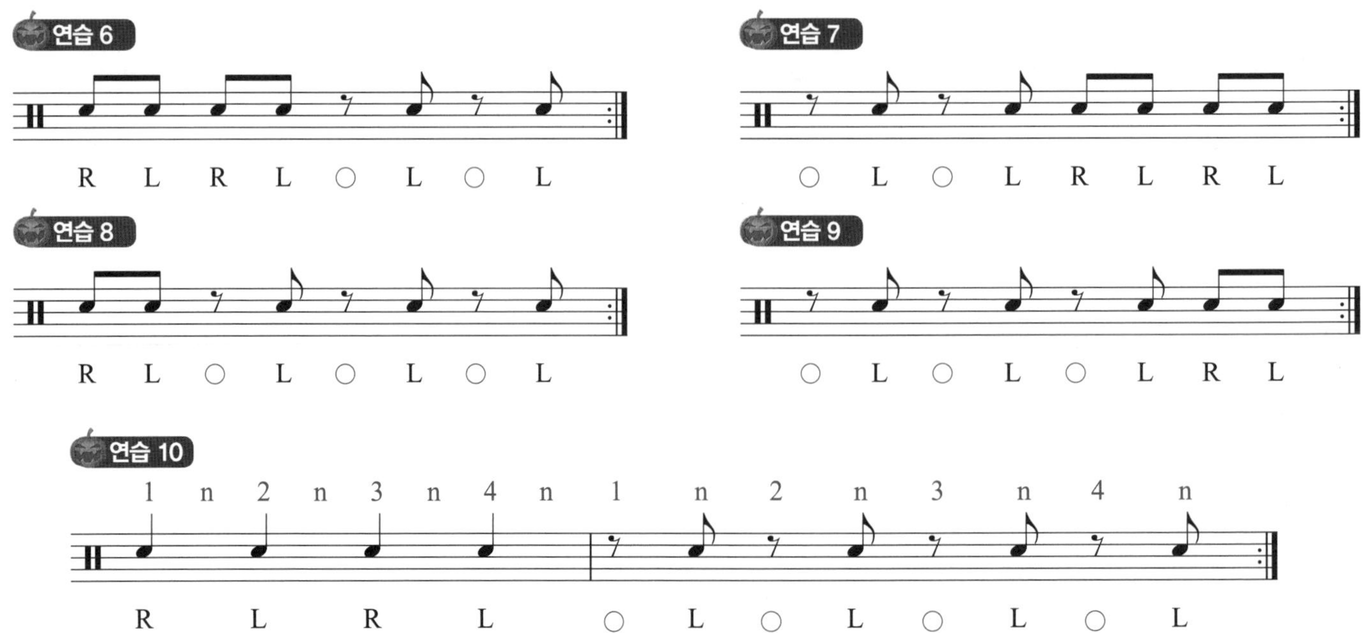

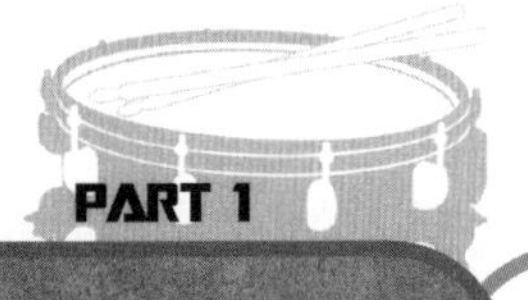

LESSON 16 응용연습

❗ 왼손 음표는 빠진 것이 없으므로 왼손 동작은 항상 일정해야 한다.

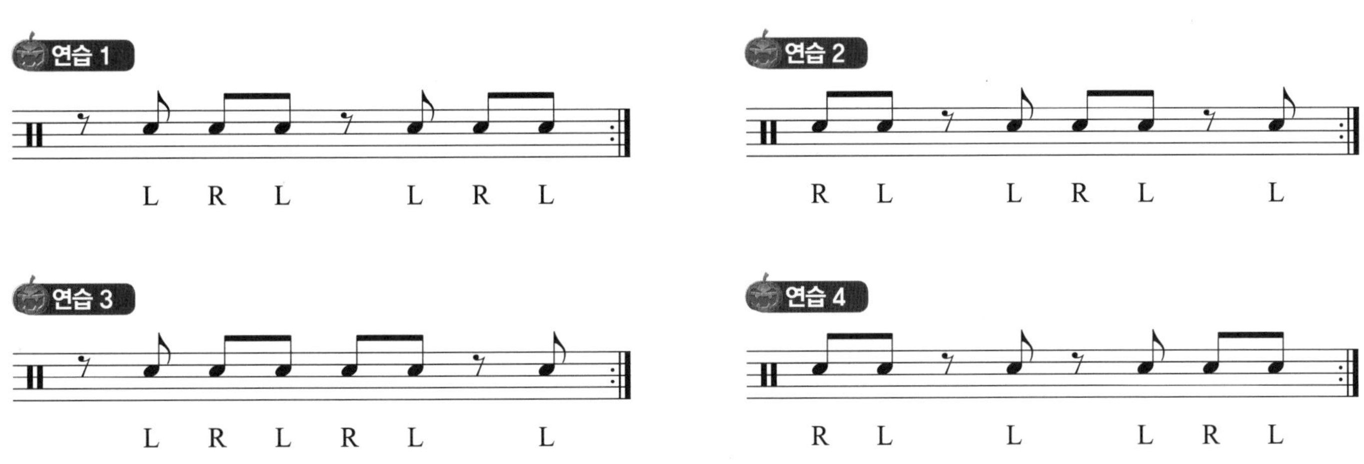

LESSON 17 4분음표와 함께 나오는 8분쉼표

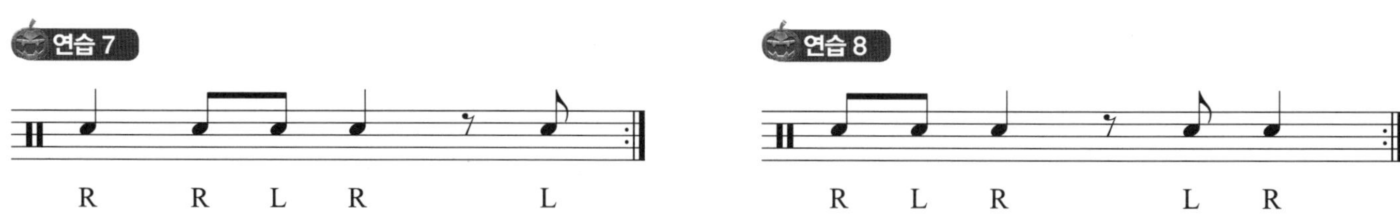

펌킨스 Tip! 원래 치던 8분음표 R 자리에 쉼표가 있는 것이다.
8분음표를 치는 동작과 똑같이 헛치기를 하면 간단하다.

LESSON 18 쉼표의 이해

❗ 드럼에서 A와 B는 같은 것으로 간주한다. 필자가 쓴 교재나 악보에는 항상 B의 형태로 표기하나 오래전에 만들어진 외국 교재에는 A처럼 그려진 악보도 많다. 다른 교재에서 볼 수도 있으니 제대로 이해하고 넘어가자.

연습 1

연습 2

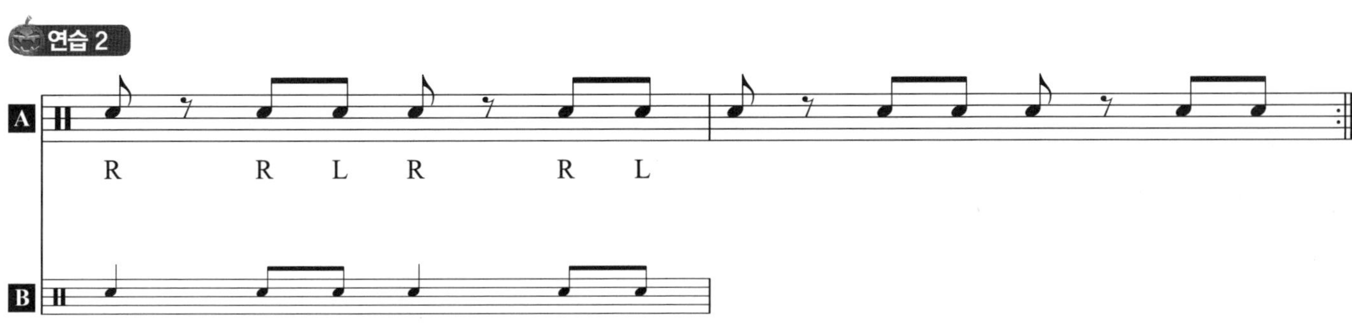

연습 3

연습 4

쉼표가 없어도 쉼표가 있는 것처럼 간주하고 헛치기 한다.

LESSON 19 응용연습

♩=80~120

연습 1

연습 2

연습 3

잠깐! 발박자와 헛치기가 같은 타이밍에 떨어지는지 체크하자!

연습 4

연습 7

LESSON 20 응용연습

연습 1

연습 2

연습 3

잠깐! 발박자를 할 때 발이 손을 따라가면 안된다. 발이 기준이 되어 발에 손을 맞춘다 생각하자.
발박자를 흘리지 말고 스스로 인식할 수 있도록 약간 힘을 주어 밟아보자.

연습 4

연습 5

연습 6

연습 7

LESSON 21 16마디 스네어 솔로

❗ 템포 90에서 160사이를 10단위로 연습하자. 90, 100, 110, ……, 160
취미반은 140정도만 해도 좋다.

♩= 90 ~ 160

연습 1

연습 2

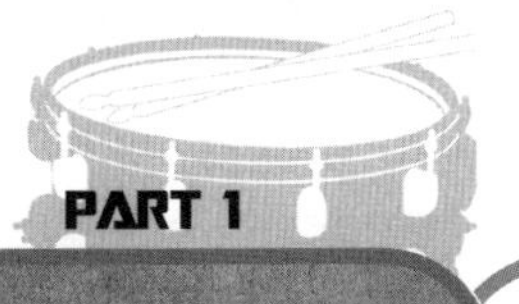

LESSON 22 4분의 3박

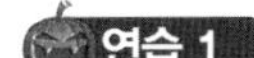

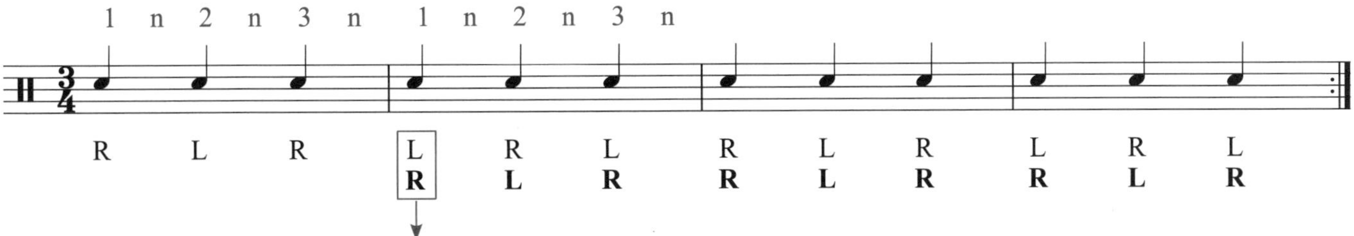

연습 3

연습 4

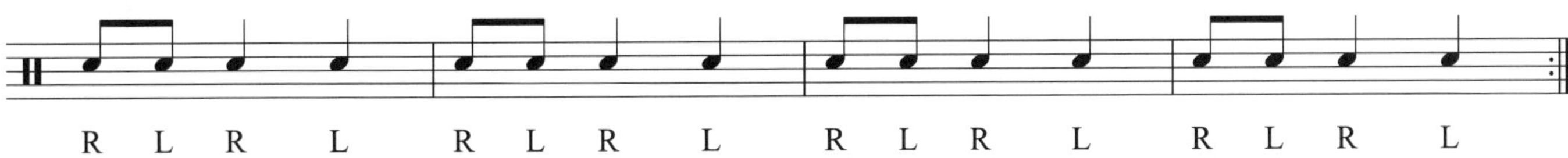

연습 5

연습 6

연습 7

LESSON 23 4분의 3박(엇박)

❗ 4분의 3박에서도 헛치기는 똑같이 적용된다. 복습 삼아 편하게 연습하고 넘어가자.

연습 1

R R L L R L L R L R L L R L

연습 2

연습 3

연습 4

연습 5

연습 6

연습 7

LESSON 24 16마디 스네어 솔로

❗ 발박자 필수!

♩= 100 ~ 160

연습 1

연습 2

연습 3

연습 4

연습 5

연습 6

연습 7

연습 8

LESSON 25 16분음표 리듬들의 손 규칙

❗ 이 페이지에서는 손 규칙만 이해하고 넘어가자. 연습은 다음 페이지부터~

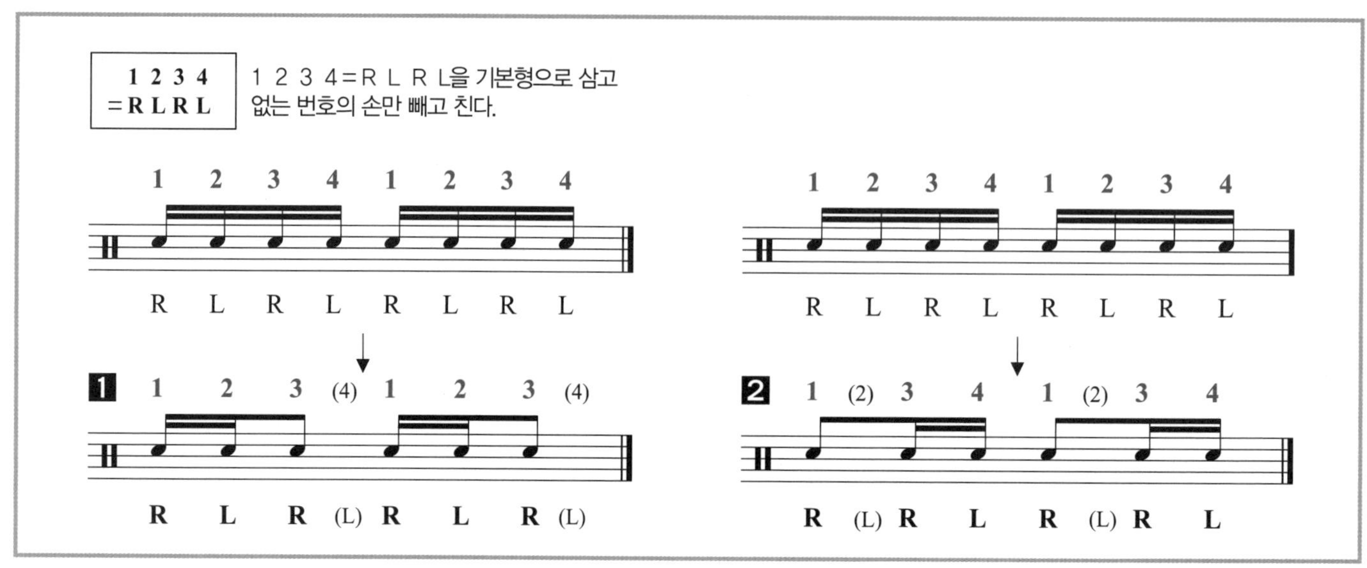

같은 방식으로 하면 각 리듬별로 손 규칙은 아래와 같이 된다.

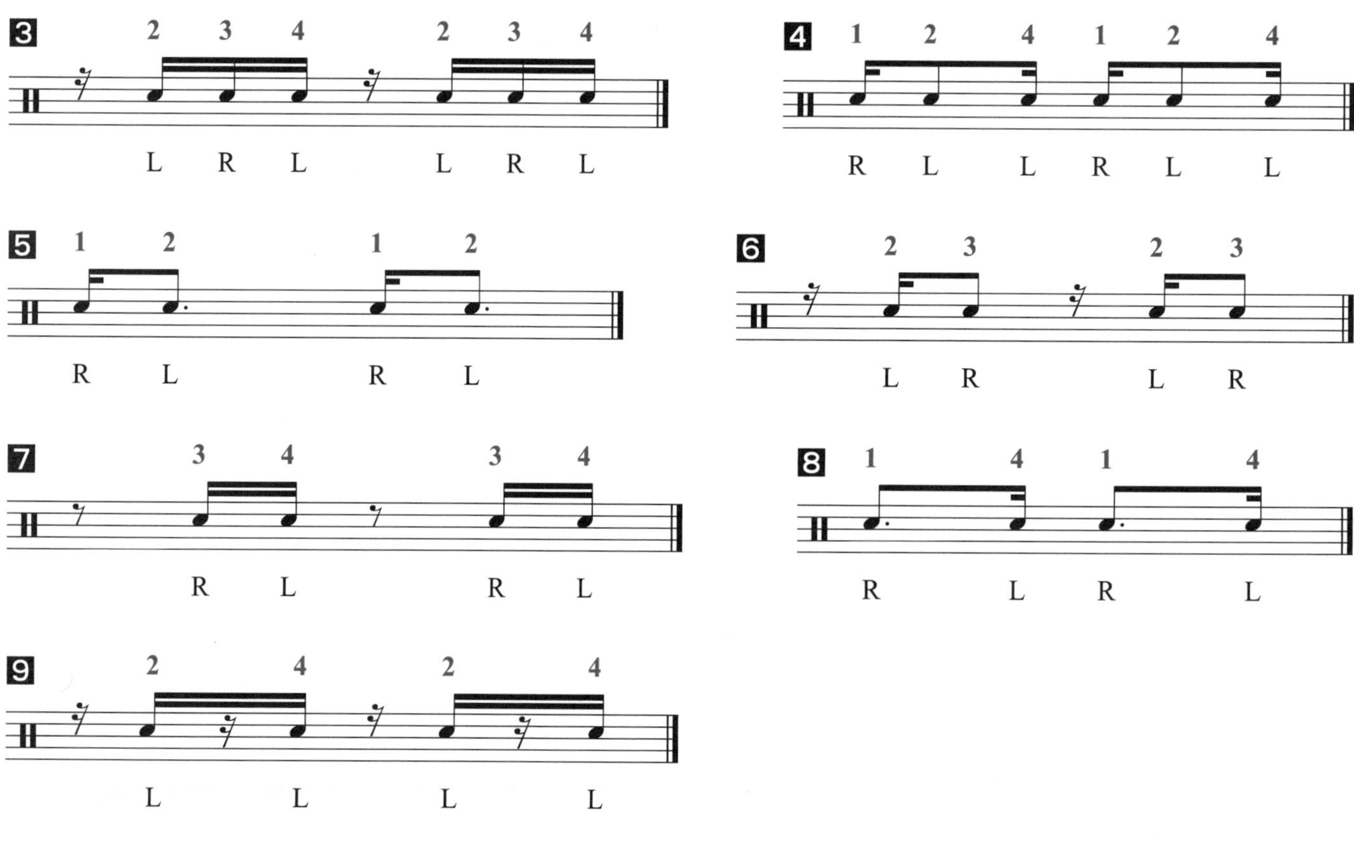

LESSON 26 16분쉼표를 포함한 리듬(1234 중에 □234)

❗ 16분쉼표도 8분쉼표 엇박처럼 헛치기를 하면서 친다.

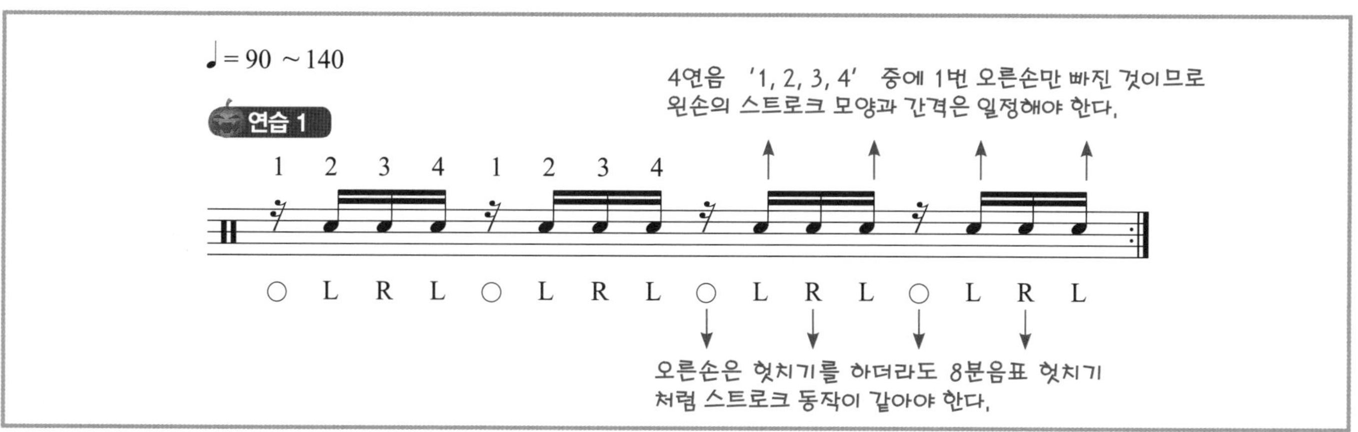

쉼표부분에 메트로놈의 '삐' 소리와 발박자(쿵) 소리가 정확히 들리도록 연습하자.

연습 3

연습 4

연습 5

연습 6

펌킨스 Tip! 8분음표 엇박처럼 16분음표 쉼표도 헛치기는 똑같다. 16분음표이기 때문에 속도만 빨라졌다고 생각하면 된다.

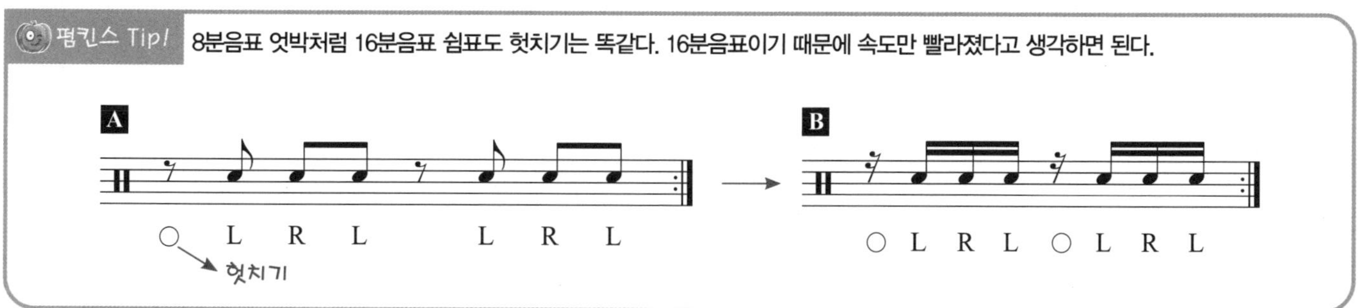

LESSON 27 16분쉼표를 포함한 리듬(1234 중에 12□4)

❗ 쉼표가 없어도 빈 곳은 다 쉼표로 이해하여 친다.

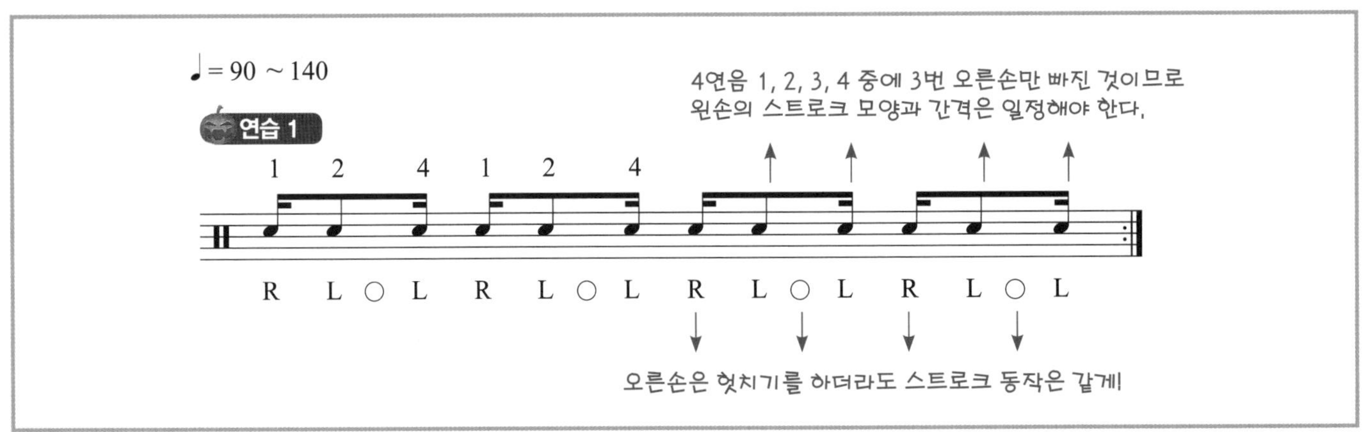

연습 3

연습 4

연습 5

연습 6

펌킨스 Tip!

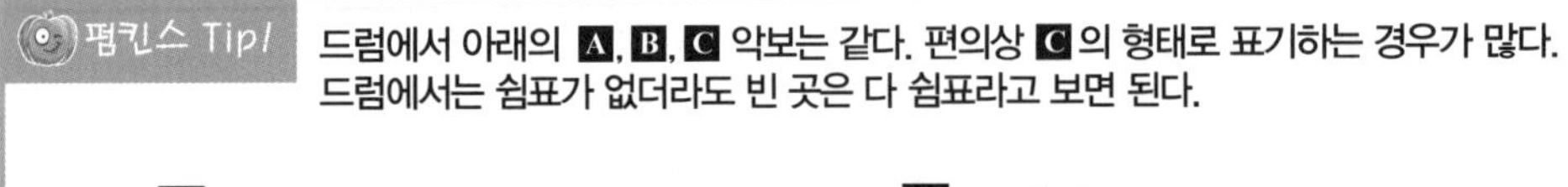

드럼에서 아래의 A, B, C 악보는 같다. 편의상 C의 형태로 표기하는 경우가 많다.
드럼에서는 쉼표가 없더라도 빈 곳은 다 쉼표라고 보면 된다.

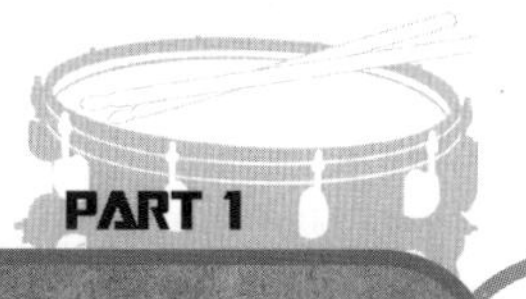

LESSON 28 응용연습

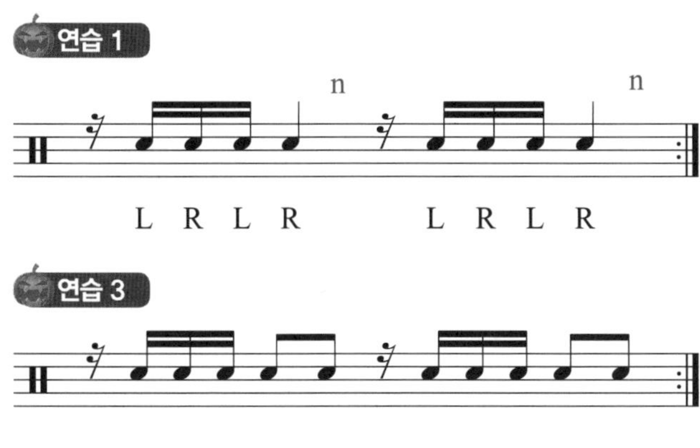

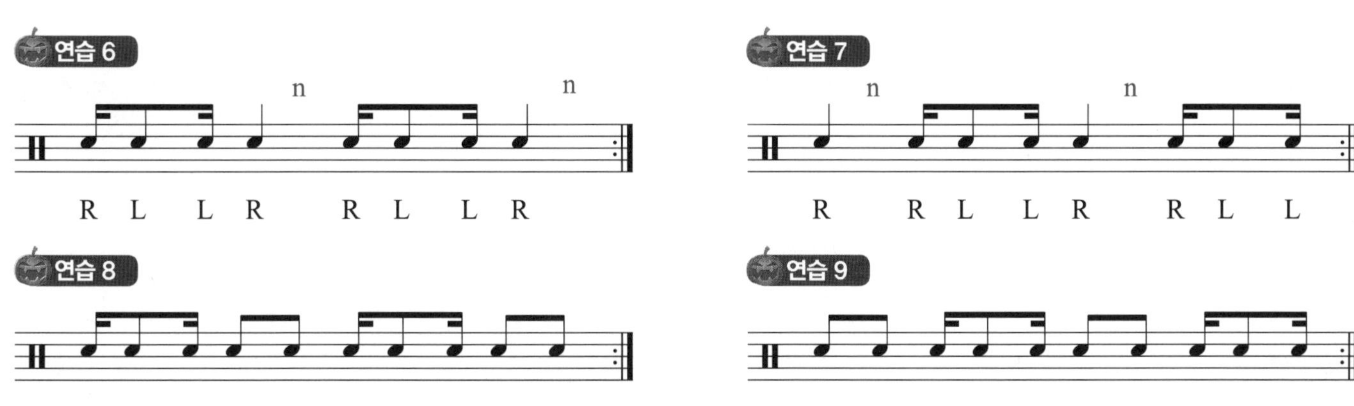

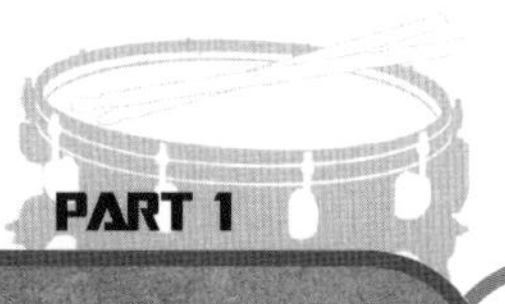

LESSON 29 응용연습

연습 1

연습 2

연습 1~4는 왼손의 모양과 간격이 일정해야 한다.

연습 3

연습 4

연습 5

연습 6

연습 7

연습 8

잠깐! 세트 드럼에서는 베이스 드럼을 밟으면서 이와 같은 리듬을 치는 경우가 많다.
때문에 발박자는 잘 안되더라도 반드시 해야한다.

연습 9

연습 10

연습 11

연습 12

LESSON 30 16분쉼표를 포함한 리듬(1234 중에 12□□)

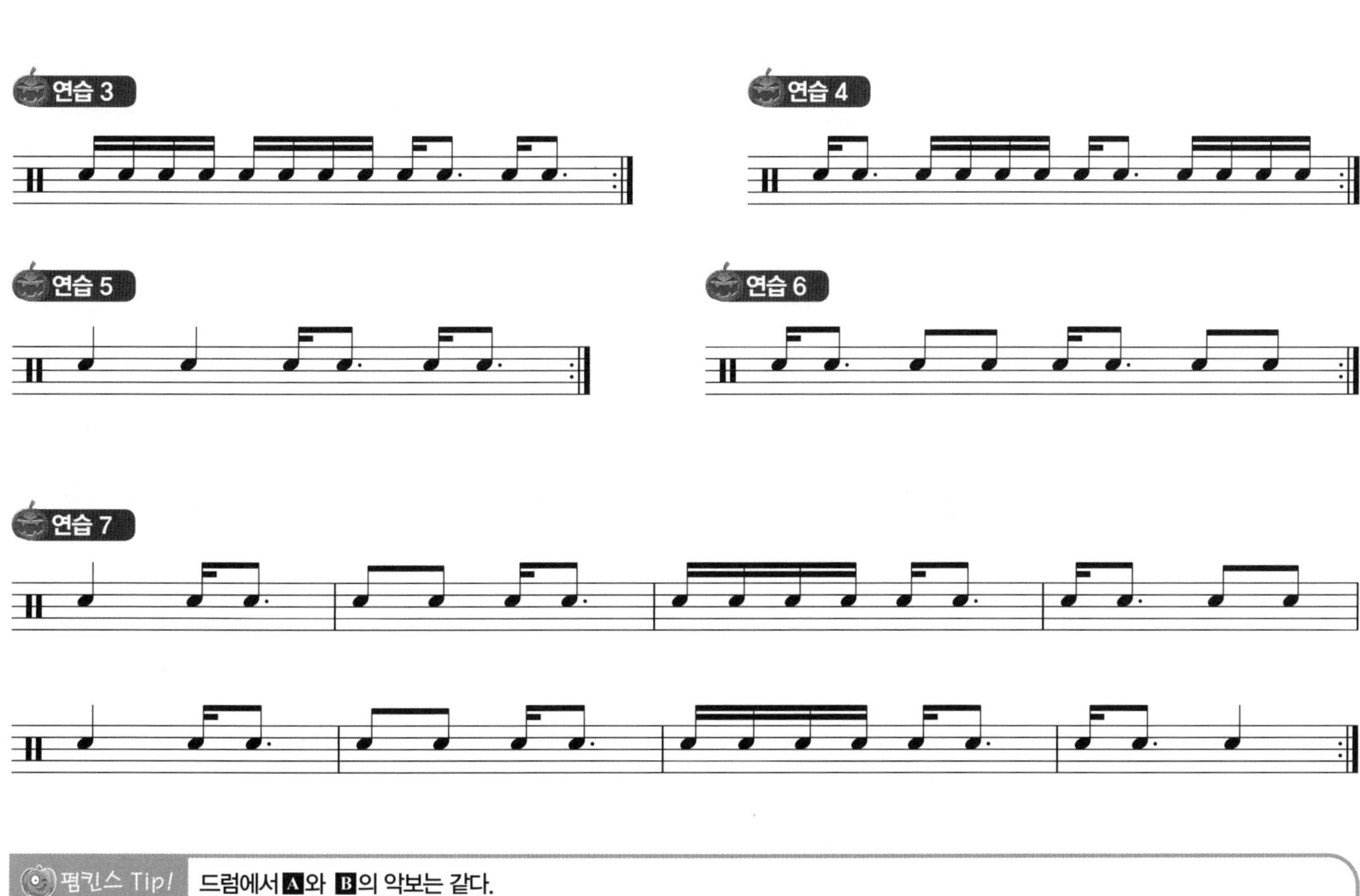

펌킨스 Tip! 드럼에서 A와 B의 악보는 같다.

LESSON 31 16분쉼표를 포함한 리듬(1234 중에 □23□)

❗ 16분쉼표도 8분음표처럼 헛치기를 한다.

LESSON 32

16분쉼표를 포함한 리듬(1234 중에 □□34)

❗ 펌킨스 팁을 보고 헛치기를 통해 정확한 타이밍을 익히자.

연습 2

3 4 3 4 3 4 3 4

R L R L R L R L R L R L R L R L R L R L R L R L

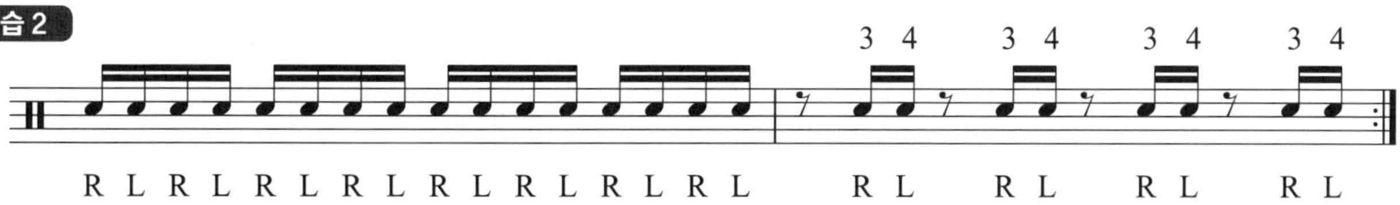

연습 3

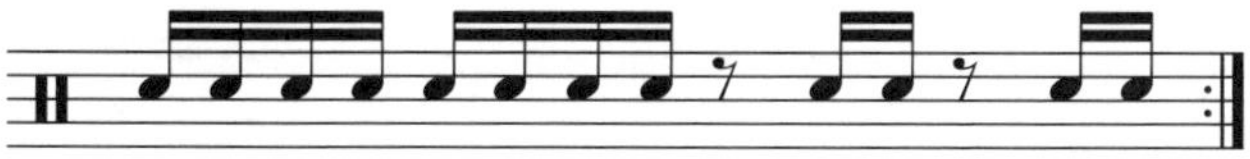

연습 4

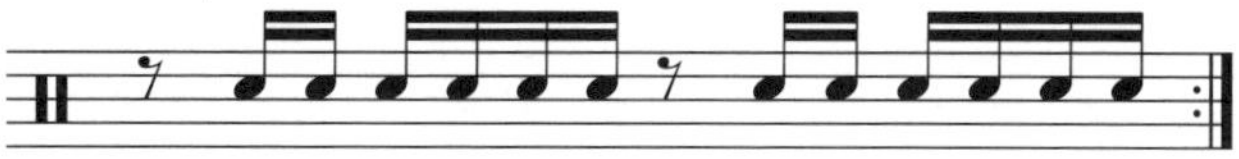

연습 5

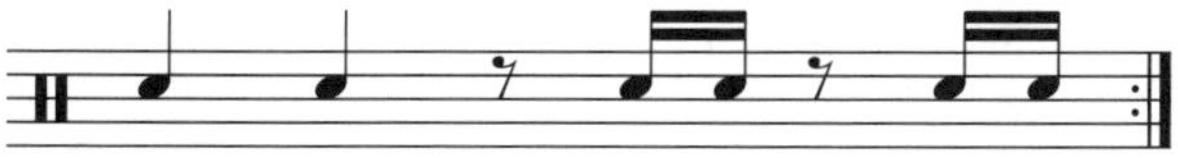

연습 6

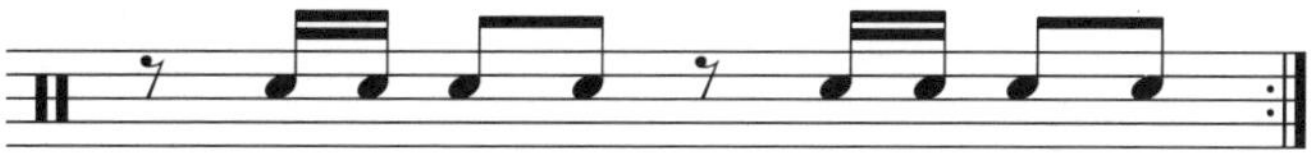

연습 7

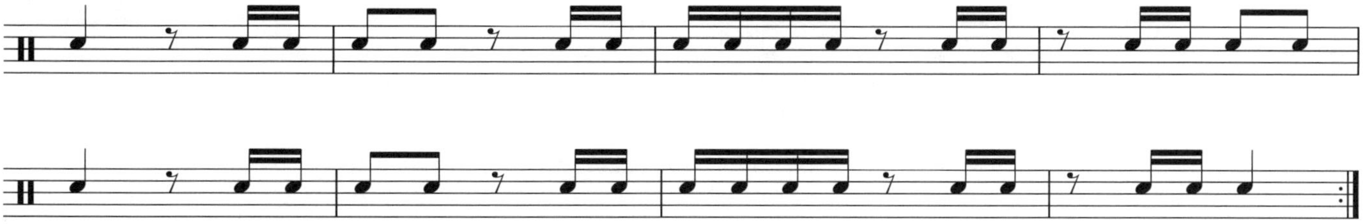

펌킨스 Tip! 더 정확하게 이해하고 치는 방법

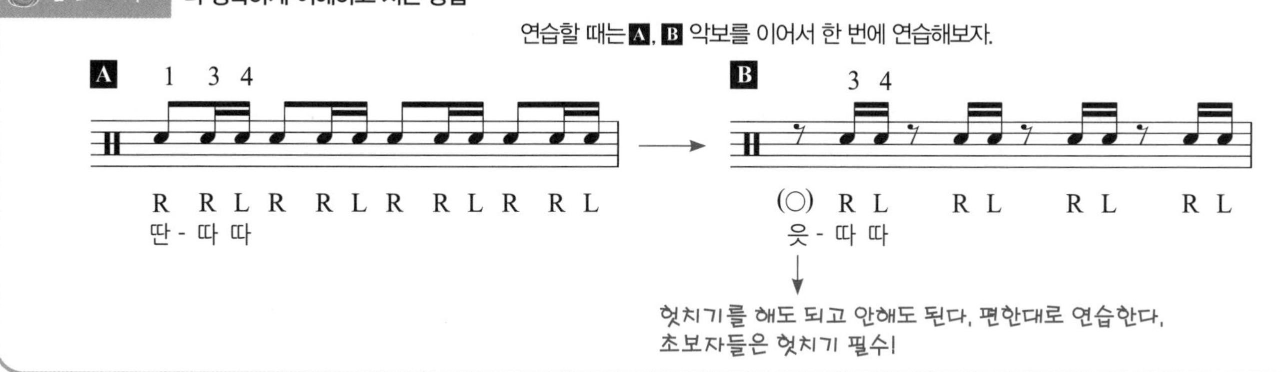

LESSON 33 16분쉼표를 포함한 리듬(1234 중에 1□□4)

♩= 70 ~ 110

연습 1

연습 2

연습 3

연습 4

연습 5

연습 6

연습 7

펌킨스 Tip! 더 정확하게 이해하고 치는 방법 : 쉼표가 없더라도 헛치기를 이용하면 더 정확하게 리듬을 칠 수 있다. 단 빠른 템포에서는 헛치기를 생략하는 경우가 많다.

A 1 3 4

R R L R R L R R L R R L
딴 - 따 따

→

B 1 4

R ○L R L R L R L
딴 - 읏따

3번을 헛치기 하면 자연스럽게 **B** 리듬이 된다.

LESSON 34 16분쉼표를 포함한 리듬(1234 중에 □2□4)

♩= 70 ~ 110

연습 1

2 4 2 4 2 4 2 4
L L L L L L L L

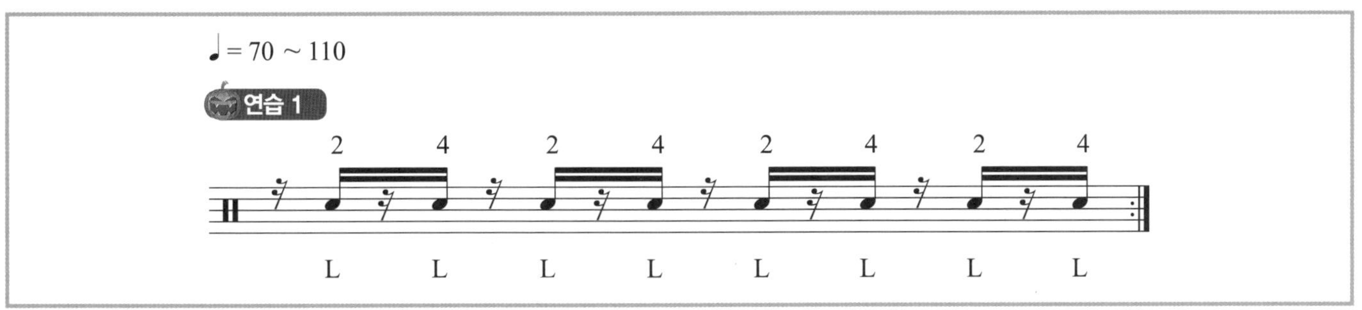

연습 2

R L R L R L R L R L R L R L R L L L L L L L L L

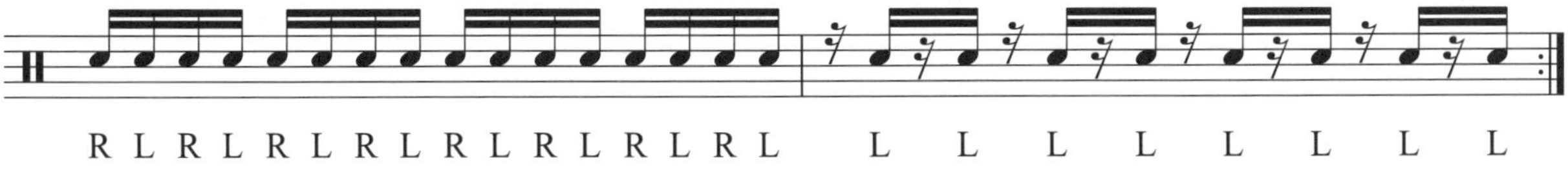

연습 3

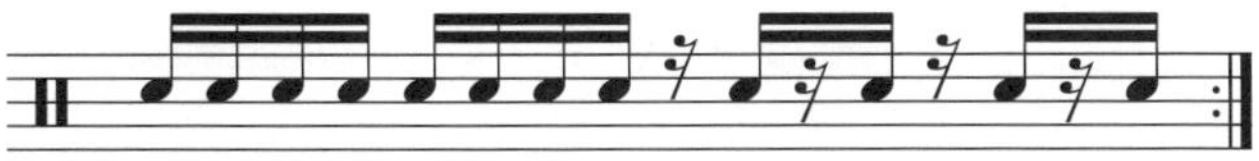

연습 4

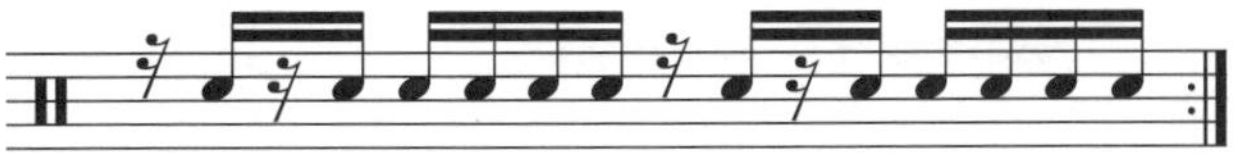

연습 5

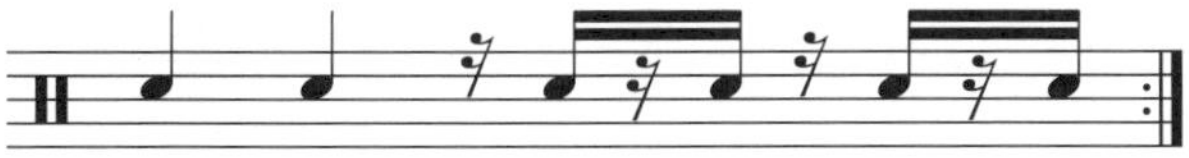

연습 6

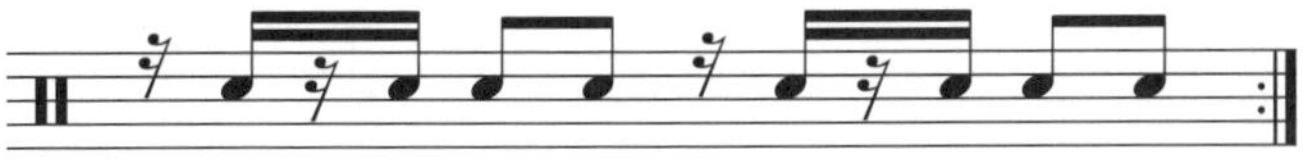

연습 7

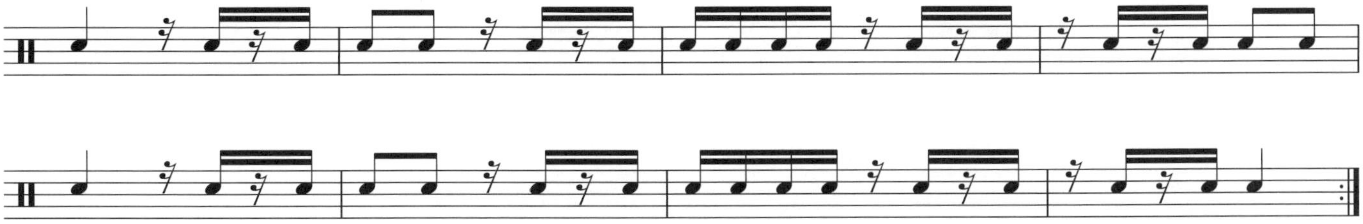

펌킨스 Tip! 더 정확하게 이해하고 치는 방법 : 오른손 부분만 헛치기 하면 간단하게 칠 수 있다. 다만 발박자를 하지 않으면 치는 중에 악보를 놓칠 수 있으니 주의하자.

A

1 2 3 4
R L R L R L R L R L R L R L R L

→

B

2 4
○ L ○ L L L L L L L
읏 따 읏 따

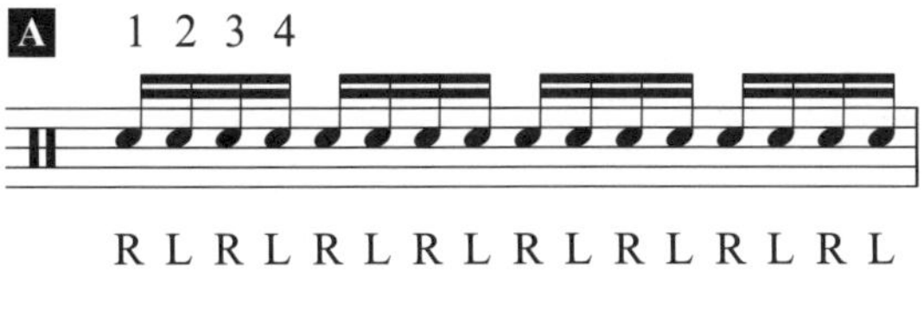

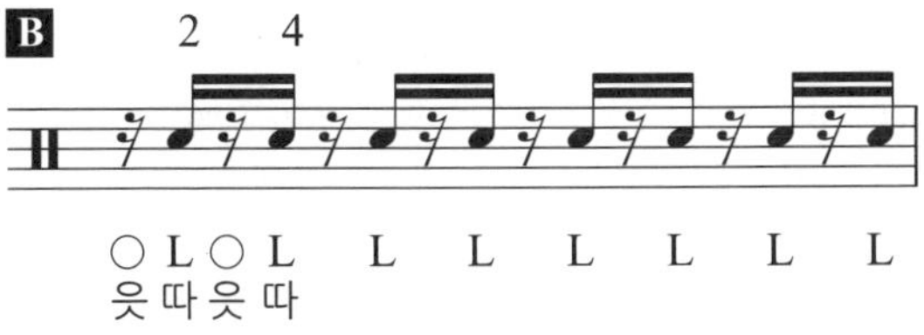

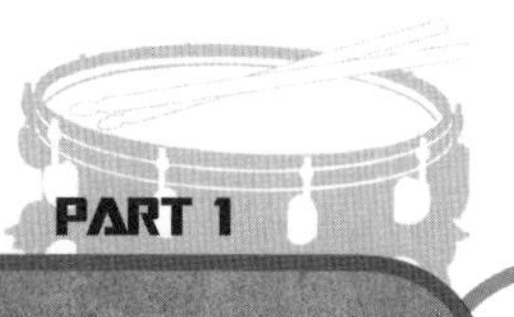

LESSON 35 16분쉼표를 포함한 리듬(1234 중에 □2□□)

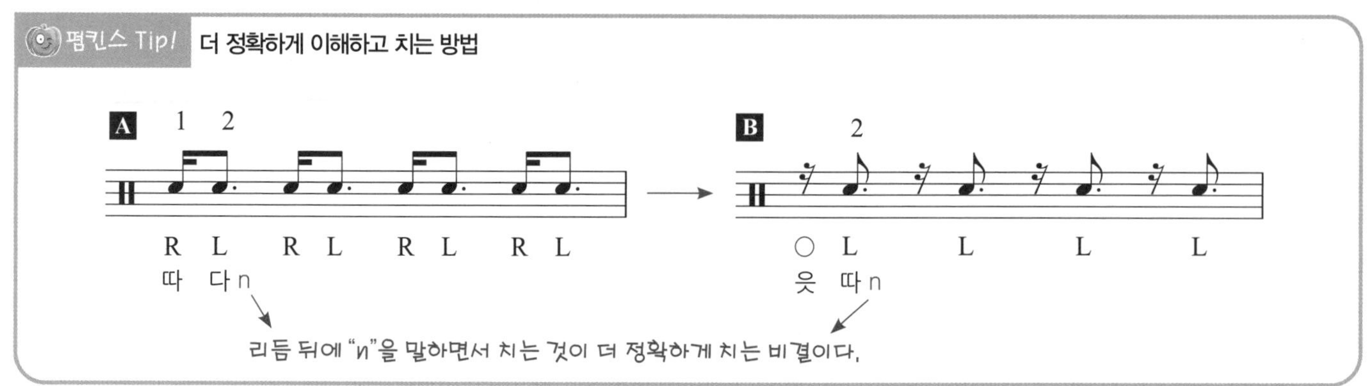

LESSON 36 16분쉼표를 포함한 리듬(1234 중에 □□□4)

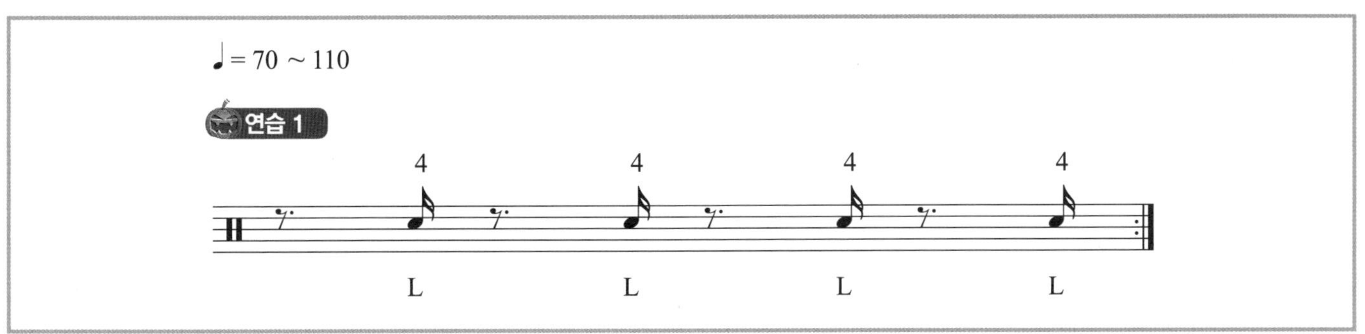

연습 2

R L R L R L R L R L R L R L R L L L L L

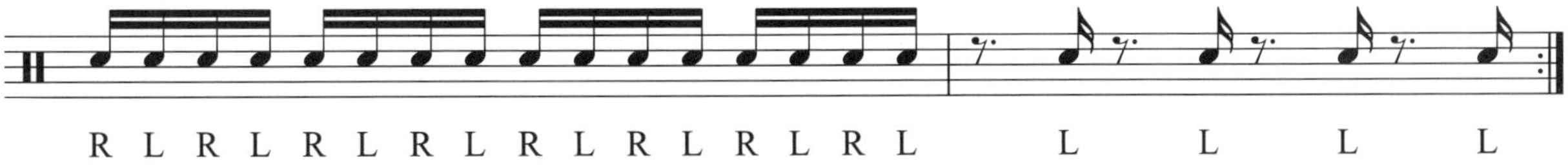

연습 3

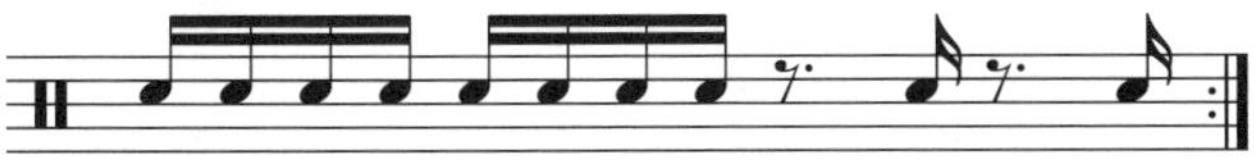

연습 4

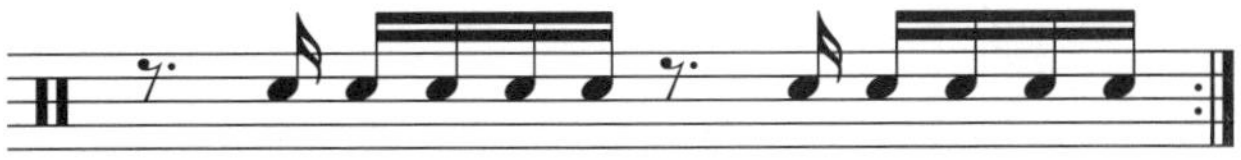

연습 5

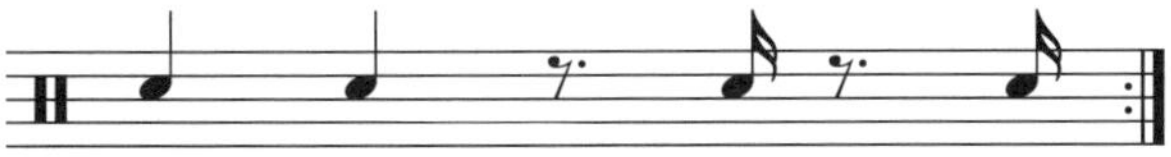

연습 6

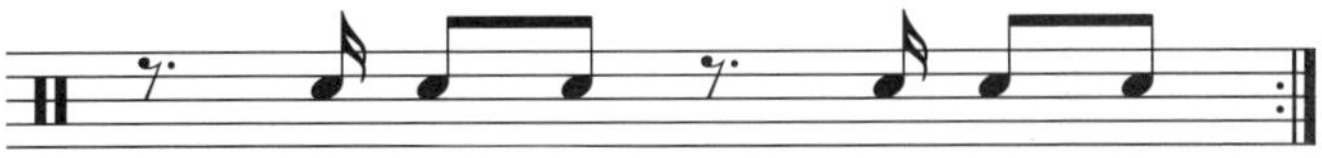

연습 7

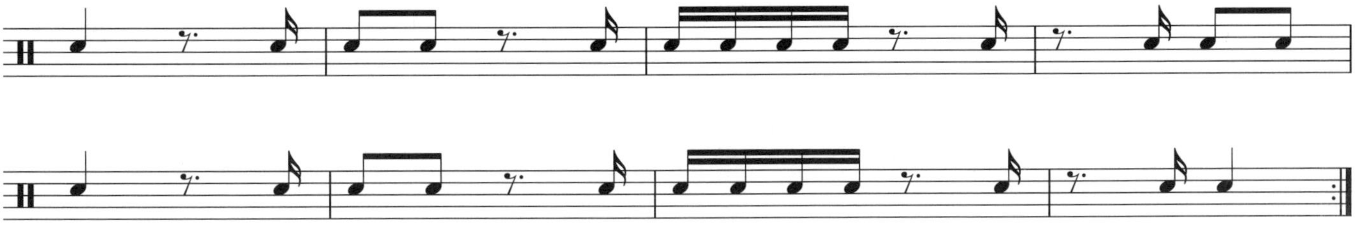

펌킨스 Tip!

더 정확하게 이해하고 치는 방법 : 오른손 헛치기 동작이 일정해야 한다. 마치 치는 것처럼 같은 동작으로 일정하게!

A 1 3 4

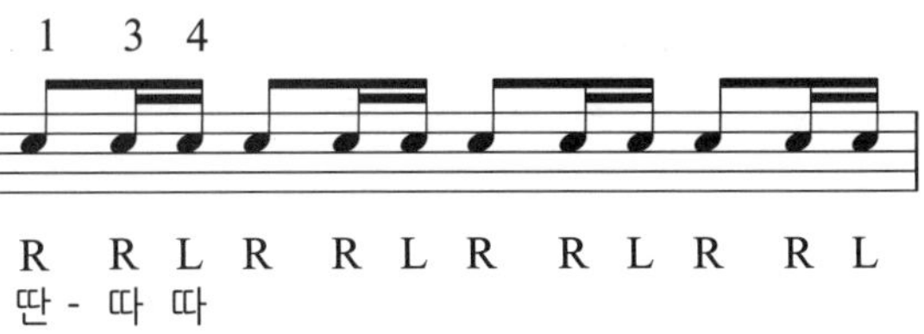

R R L R R L R R L R R L
딴 - 따 따

→

B 4

○ ○L L L L
읏 - 읏따

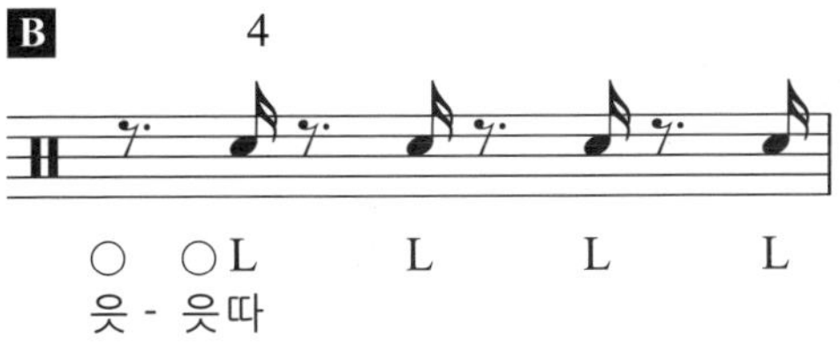

LESSON 37 응용연습

♩= 80 ~ 140

LESSON 38

응용연습

연습 1

연습 2

연습 3

연습 4

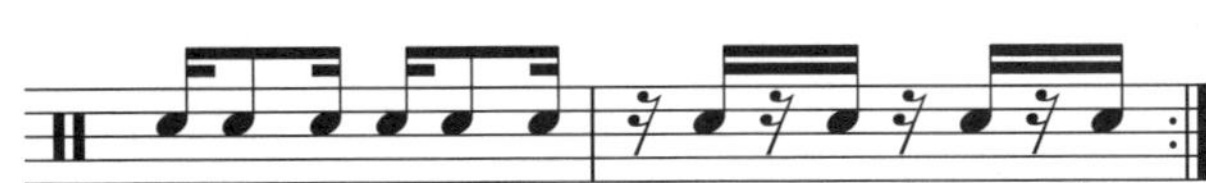

연습 5

연습 6

연습 7

연습 8

연습 9

연습 10

연습 11

연습 12

LESSON 39 종합연습

❗ 메트로놈과 함께 악보 읽는 것에 익숙해지도록 하자.

♩= 80 ~ 140

연습 1

연습 2

연습 3

잠깐! 손이 꼬이고 악보가 헷갈린다면? 레슨 25로 돌아가자!

연습 4

연습 5

연습 6

연습 7

LESSON 40 응용연습

❗ 쉼표가 많을수록 헛치기 하는 것을 잊지 말자. 빨라지면 헛치기를 생략해도 되지만 처음 하는 사람에겐 필수이다.

연습 1

연습 2

연습 3

잠깐! 발박자는 선택이 아니라 필수이다!

연습 4

연습 5

연습 6

연습 7

LESSON 41 응용연습

연습 1

연습 2

연습 3

연습 4

잠깐! 쉼표가 많은 리듬일수록 헛치기를 정확히 해야한다.
초보들에겐 헛치기 하는 것이 하지 않는 것보다 10배는 더 정확히 칠 수 있는 비결이다.
그럼 고수들은? 헛치기를 잘하지 않는다. 리듬이 완전히 몸에 익었기 때문이다.

연습 5

연습 6

연습 7

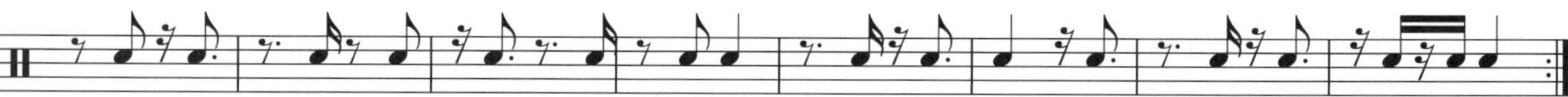

LESSON 42

16마디 스네어 솔로

❗ 난이도가 다소 올라갔다. 잘 되지 않는 것은 한 마디씩 따로 연습하자.

♩= 80 ~ 140

연습 2

LESSON 43 16마디 스네어 솔로

연습 2

LESSON 44 16마디 스네어 솔로

❶ 여기까지 마스터 했다면 어떤 리듬 악보가 나와도 다 해낼 수 있을 것이다.

연습 1

연습 2

LESSON 45 즉흥연주 훈련

❗ 16분음표 단위 안에서 아래 15개 리듬을 공부했다. 이것들을 이용하여 악보 없이 자유롭게 리듬을 섞어 치는 연습을 해보자. 이 연습은 드럼을 칠 때 필인을 즉흥적으로 넣는데 도움이 된다.

아래와 같이 메트로놈을 틀고 위의 리듬들을 자유롭게 뽑아서 펼쳐 낼 수 있도록 하자.

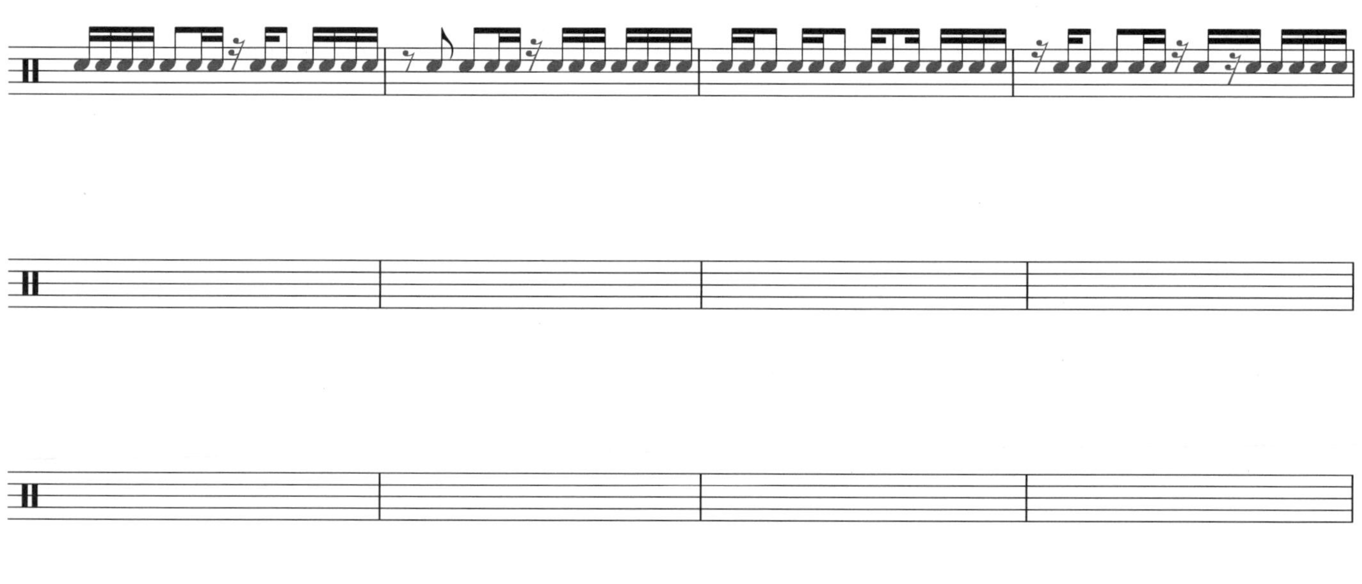

PART 2

8분의 6박

LESSON 1

8분의 6박에서의 3연음

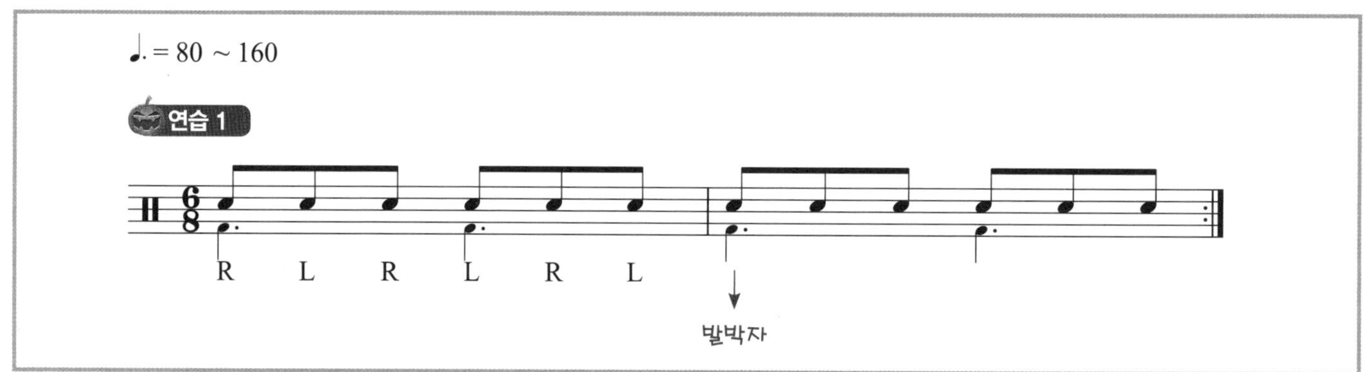

LESSON 2 셋잇단음표 리듬 응용

♩. = 100 ~ 160

연습 1

1 2 3 1 2 3

R L R L R L R L R L R L

연습 2, 3, 4는 왼손이 하나씩 빠진 것이다.
따라서 오른손 터치와 간격은 일정해야 한다.

연습 2

1 2 3 1 2

R L R L R R L R L R

왼손 3번만 빠진 것이므로 오른손 터치는 일정하게!

연습 3

1 2 3 2 3

R L R R L R L R R L

연습 4

1 3 1 2 3

R R L R L R R L R L

연습 5, 6, 7은 오른손이 하나씩 빠진 것이다.
따라서 왼손 터치와 간격은 일정해야 한다.

연습 5

2 3 1 2 3

○ L R L R L ○ L R L R L

오른손 하나만 빠지는 것이므로 왼손 터치는 일정하게!

연습 6

1 2 1 2 3

R L L R L R L L R L

3연음에서는 오른손 쉼표 부분에 헛치기 하지 않는다.
연습 5번처럼 첫박에 쉼표가 있을 때만 헛치기 한다.

연습 7

1 2 3 1 3

R L R L L R L R L L

LESSON 3 셋잇단음표 리듬 응용

❗ ◆ : 원래 손 규칙에서 벗어난 방법이지만 두 가지 다 할 수 있으면 편하다.

연습 1 셔플 리듬 : 통통 튀는 느낌을 살려 연주하자.

연습 2

R L L R
◆ R L R L

1, 2번을 치는 리듬이 연속적으로 나올 때는 R L로 통일해서 치는 것이 편하다. 물론 기본 손 규칙으로도 할 수 있으면 좋다.

연습 3

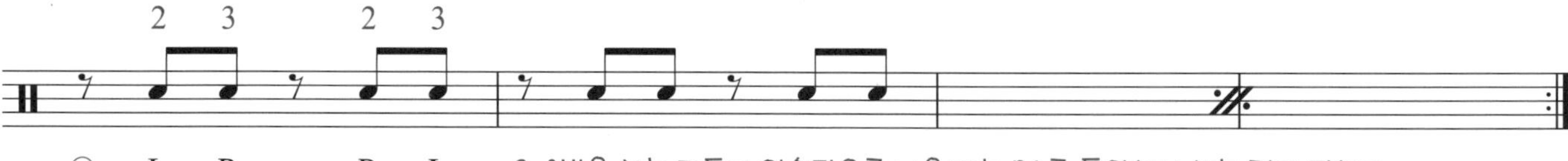

○ L R R L
◆ R L R L

2, 3번을 치는 리듬이 연속적으로 나올 때는 R L로 통일해서 치는 것이 편하다. 물론 기본 손 규칙으로도 할 수 있으면 좋다.

연습 4

연습 5

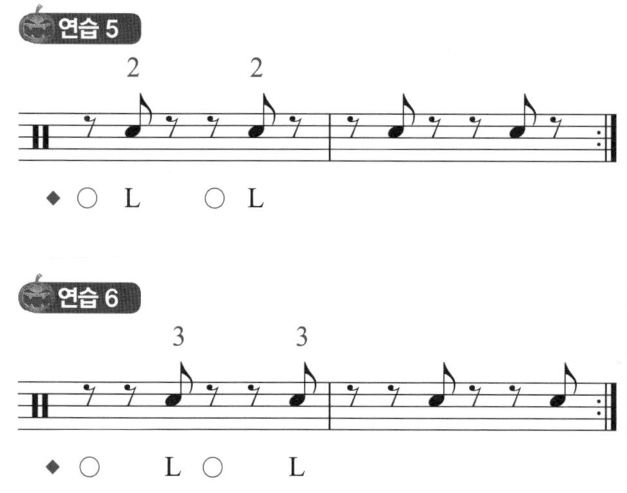

LESSON 4 셋잇단음표 리듬 응용

연습 1 연습 1~4는 왼손만 빠져 있으므로 오른손 터치와 간격을 일정하게 유지하자.

1 3 2

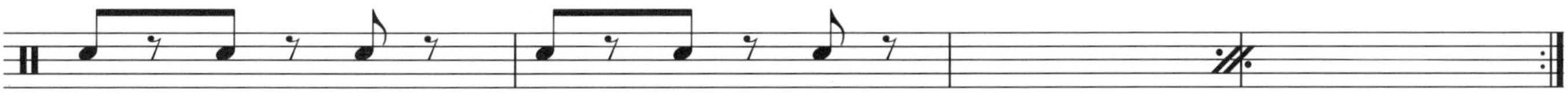

R R R R R R
◆ R L R L R L

연습 2

1 3 1 2 1 3 1 2

R R L R

연습 3

1 3 2 3

R R R L

연습 4

1 2 3 2

R L R R

연습 5 연습 5~8은 오른손만 빠져 있으므로 왼손 터치와 간격을 일정하게 유지하자.

2 1 3

○ L L L

연습 6

1 2 1 3

R L L L

연습 7

2 3 1 3

○ L R L L

연습 8

2 1 2 3

○ L L R L

LESSON 5 셋잇단음표 리듬 응용

연습 1

1 2 2 3

R L R L

연습 2

2 3 1 2

○ L R L R
◆ R L R L

연습 3

3 1 2 3

(○) R L R L

→ 헛치기 해도 되고 안해도 된다.

연습 4

1 2 3 3

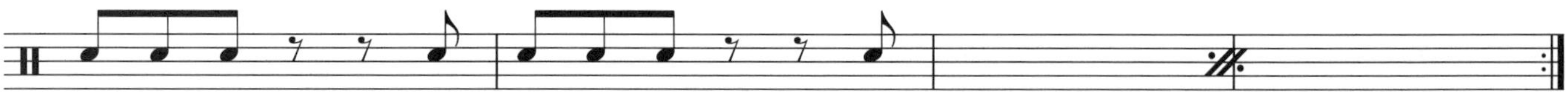

R L R L

잠깐! 발박자는 지금은 힘들지 몰라도 나중엔 굉장한 힘을 발휘한다!

연습 5

2 2 3

○ L R L

연습 6

2 3 2

○ L R R
◆ R L ○ L

연습 7

3 2 3

(○) R R L
◆ ○ L R L

연습 8

2 3 3

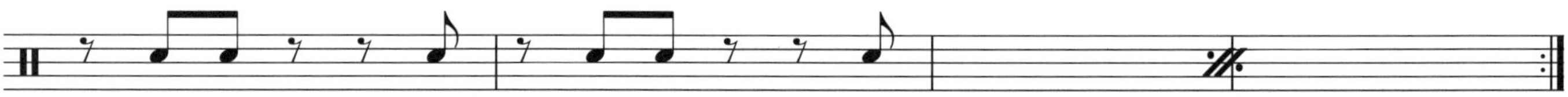

○ L R L
◆ R L ○ L

LESSON 6

16마디 스네어 솔로

❗ 손 순서가 헷갈릴 수 있는데 마디의 마지막 음표는 항상 L로 끝나야 한다. 끝이 L로 끝나야 다음 마디를 R로 시작 할 수 있기 때문이다.

♩. = 120 ~ 180

연습 1

연습 2

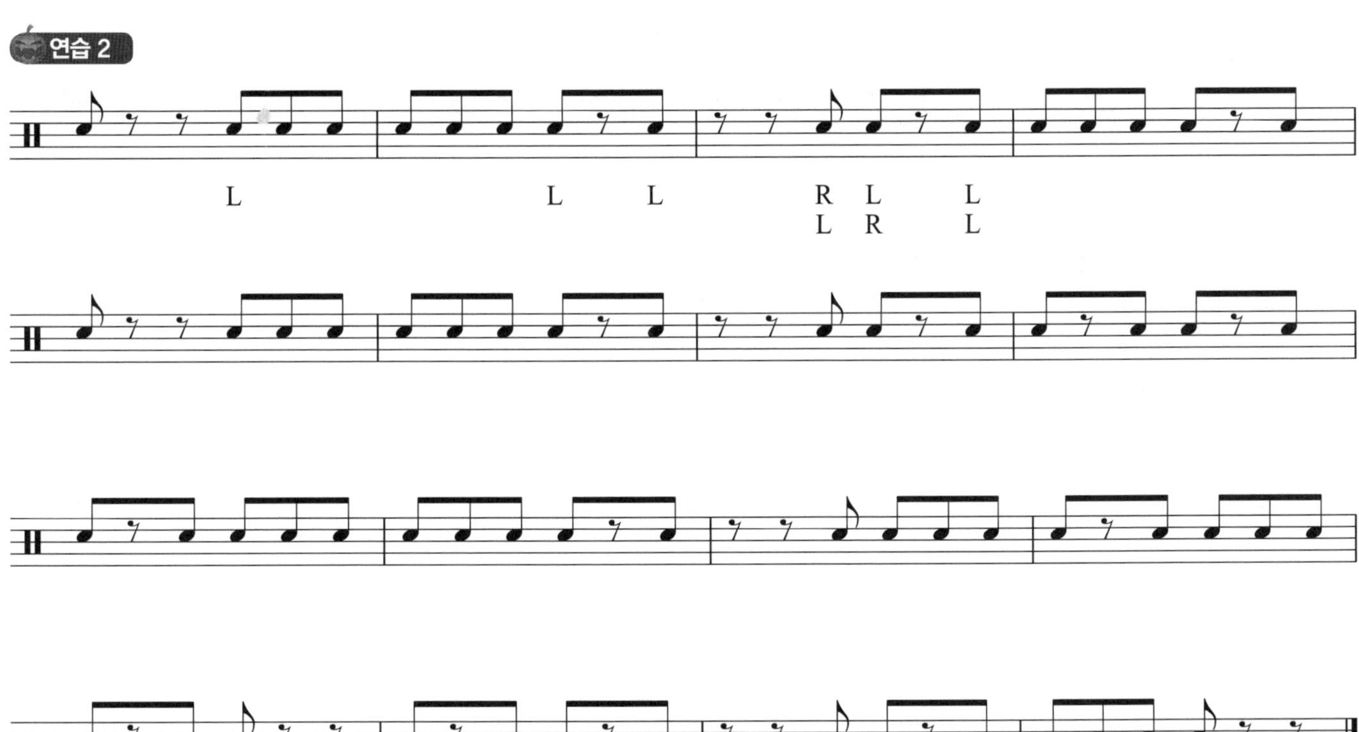

LESSON 7 16마디 스네어 솔로

연습 1

R R R R L

오른손 일정! - 다른 곳에서도 오른손이나 왼손이 일정한 것을 파악해서 연습하자.

연습 2

L L

L

L L

16마디 스네어 솔로

연습 1

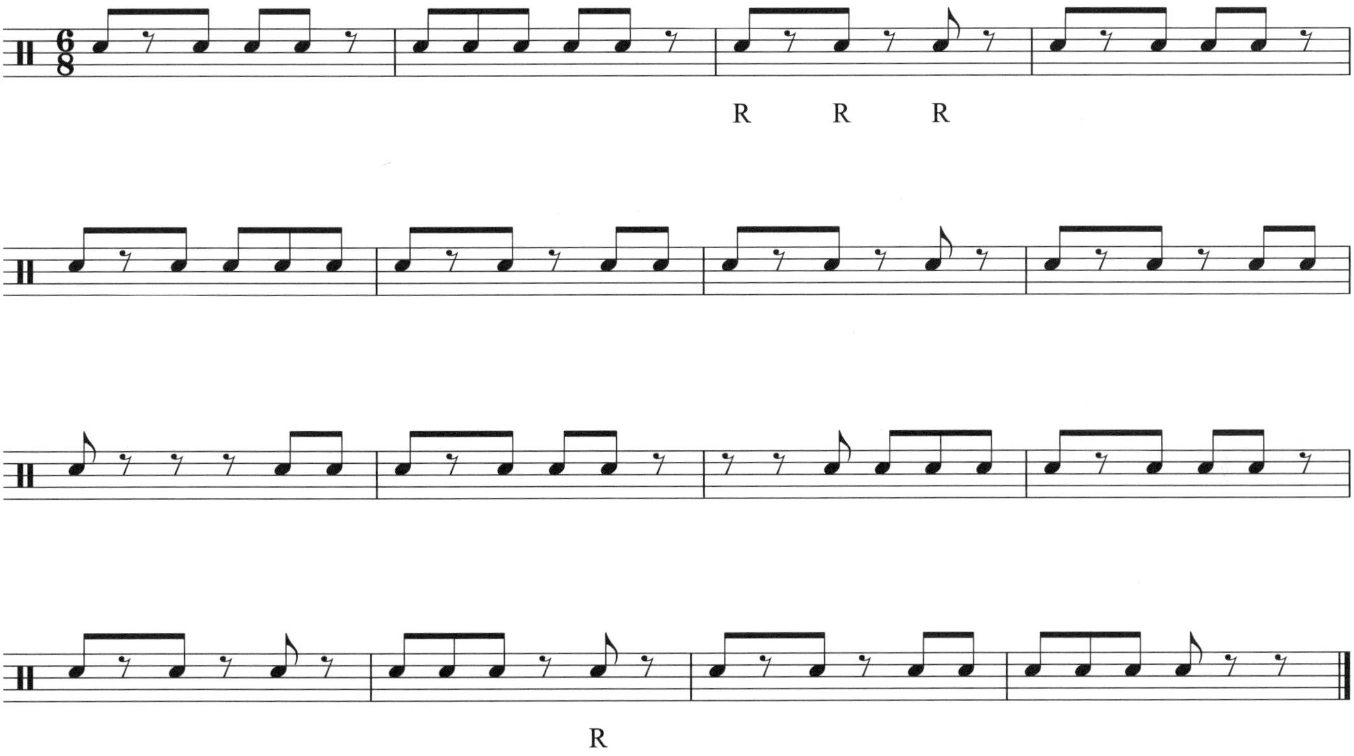

R R R

R

연습 2

L L L R L R L L

L L

LESSON 9 16마디 스네어 솔로

❗ 쉼표가 많을 때 발박자는 큰 힘이 된다.

연습 1

연습 2

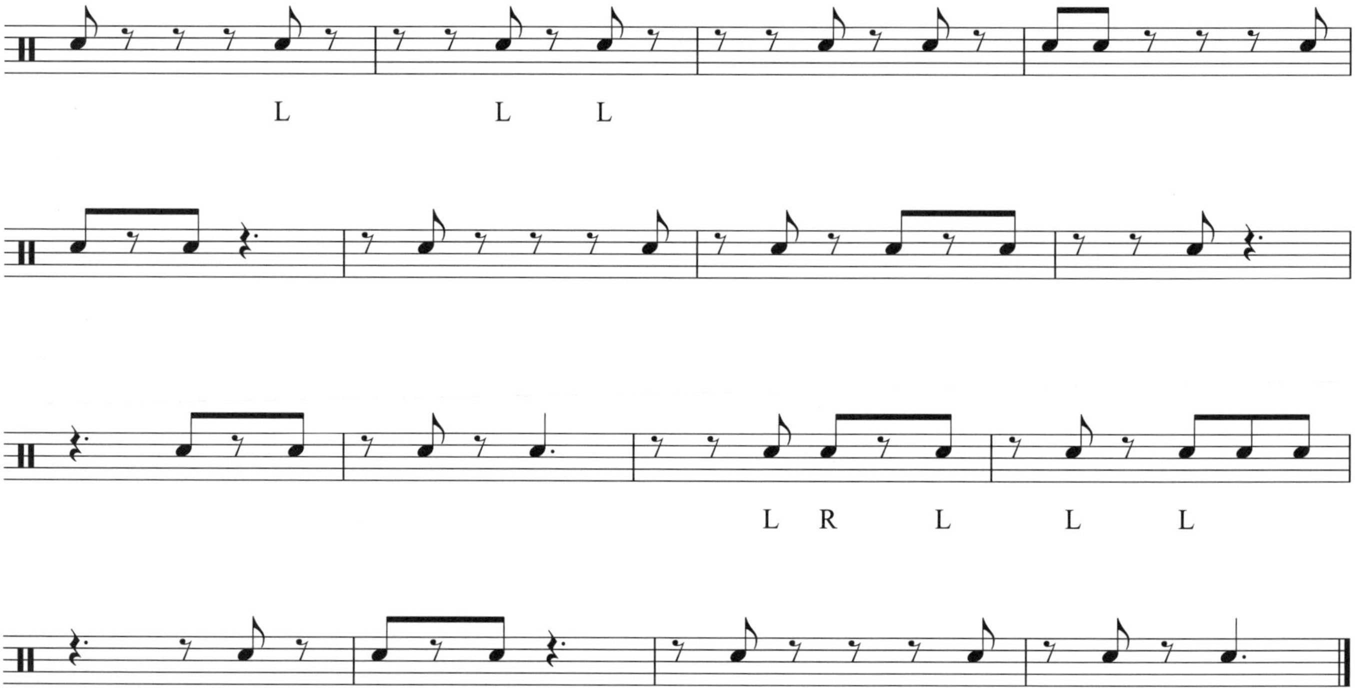

L L L

L R L L L

LESSON 10 8분의 6박에서의 6연음

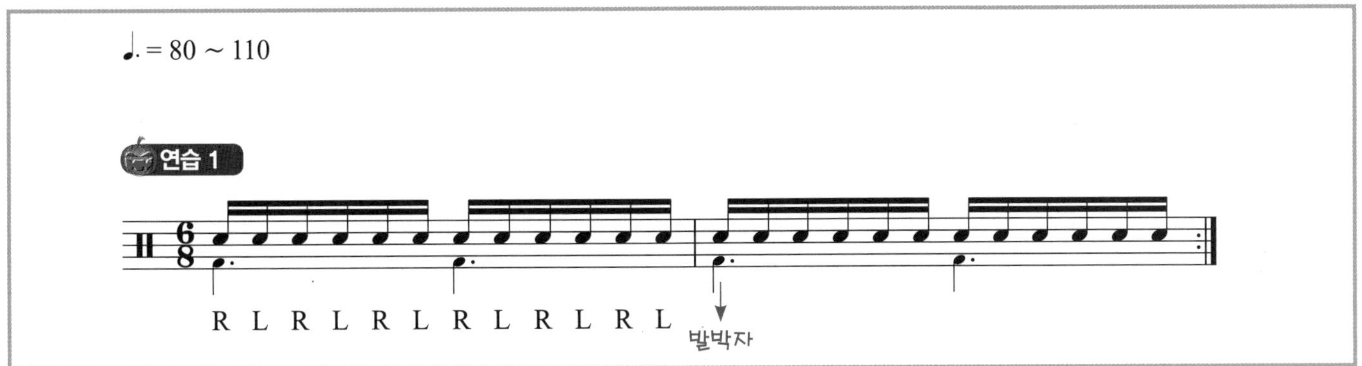

LESSON 11 8분의 6박(8분음표와 16분음표 리듬 응용)

❗ 손넘버 2로 연습할 때는 오른손 터치를 항상 일정하게 한다.

연습 1

1 R L RLR L RL R L R L R L

2 R R RLR R RL R R R R R R

연습 2

연습 3

R RLR R RLR R L R L R L

R RLR R RLR R R R R R R

연습 4

연습 5

RLR L RLR L R L R L R L

RLR R RLR R R R R R R R

연습 6

연습 7

R RLRLR RLRL R L R L R L

R RLRLR RLRL R R R R R R

연습 8

연습 9

RLR RLRLR RL R L R L R L

RLR RLRLR RL R R R R R R

연습 10

연습 11

RLRLR RLRLR R L R L R L

RLRLR RLRLR R R R R R R

연습 12

LESSON 12 응용연습

6연음에서도 헛치기는 똑같다.

연습 1

RLRLRLRLRLRL ○LRLRL○LRLRL

연습 2

모양은 다르지만 모두 같은 악보이다.

연습 3

RL○LRLRL○LRL

첫박에 쉼표가 아니라면 헛치기는 생략해도 좋다.

연습 4

연습 5

RLRL○LRLRL○L

연습 6

왼쪽, 오른쪽 모양이 다르지만 모두 같은 악보이다.
드럼 교재마다 표기법이 다를 수 있으므로 모두 이해하고 있어야 한다.

연습 7

RLRL RLRL

연습 8

연습 9

RLR ○LRLR ○L

연습 10

따 따 딴- 읏 따

이 부분만 보면 4연음의 1, 4를 치는 것과 같다.
따라서 딴-읏따 방법으로 헛치기 한다.

연습 11

RL○ RLRL○ RL

연습 12

LESSON 13 응용연습

연습 1

RLRLRLRLRLRL R ○LRLR ○LRL

연습 2

연습 3

○ RLRL○ RLRL

연습 4

연습 5

○LRLR ○LRLR

연습 6

왼쪽, 오른쪽 모양이 다르지만 모두 같은 악보이다.
드럼 교재마다 표기법이 다를 수 있으므로 모두 이해하고 있어야 한다.

연습 7

R L ○LR L ○L

연습 8

연습 9

R ○LR R ○LR

연습 10

연습 11

○LR L ○LR L

연습 12

LESSON 14

응용연습

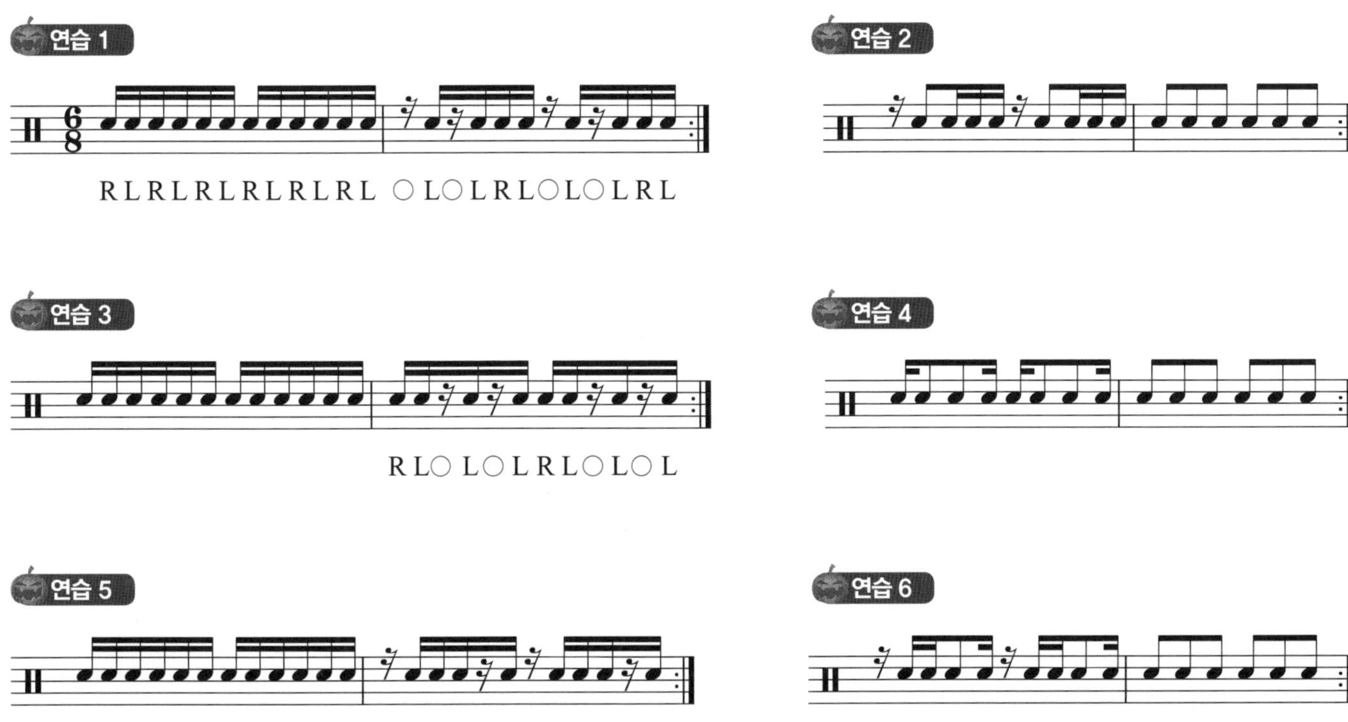

리듬을 정확하게 칠 수 있다면 헛치기는 하지 않아도 된다.

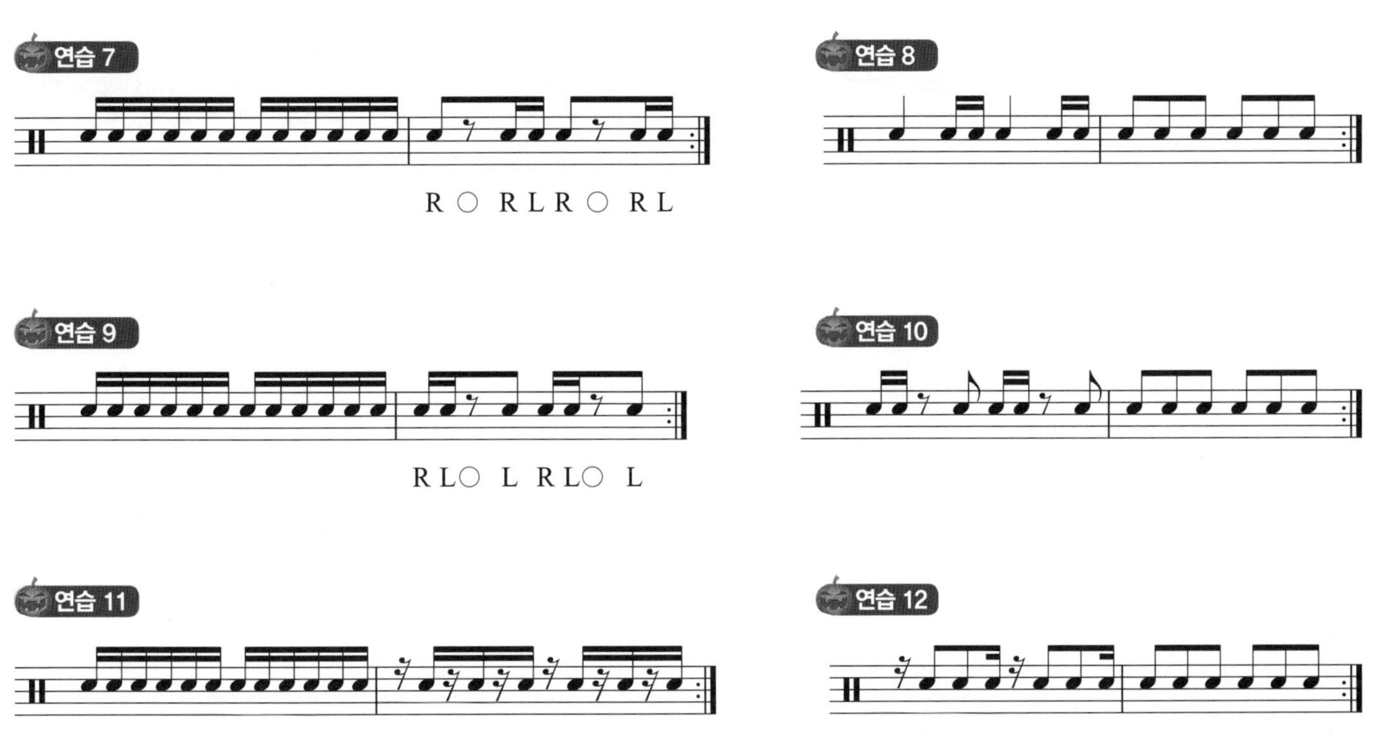

LESSON 15 16마디 스네어 솔로

연습 1

연습 2

LESSON 16

16마디 스네어 솔로

연습 1

L L

R L L L L

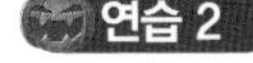

LESSON 17 16마디 스네어 솔로

연습 1

L

L L

L

R

연습 2

LESSON 18 16마디 스네어 솔로

연습 1

R

연습 2

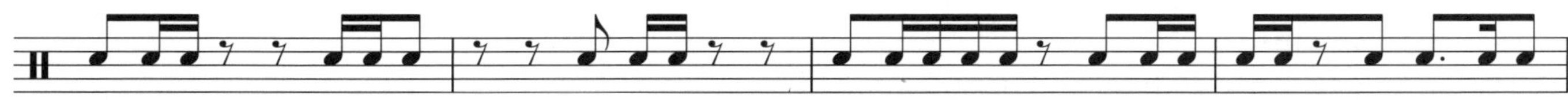

펌킨스 Tip1 스틱은 짧게? 혹은 길게?

- 짧게 잡았을 때(스틱의 가운데 가까이 잡았을 때)
  - 바운스에 유리 : 짧게 잡으면 스틱이 가벼워지므로 바운스 스트로크에 용이하다.
  - 빨리 칠 때 유리 : 가볍게 빨리 치기 좋다.
  - 바운스가 더 잘 되려면 엄지를 스틱 옆보다 아래로 내리는 편이 낫고 엄지와 검지를 축으로 하는 것보다는 엄지와 중지를 축으로 하는 편이 더 낫다.
  - 바운스가 잘 안된다면 약지와 새끼 손가락을 떼고 앞의 세 손가락으로 가볍게 쳐보면 느낌을 쉽게 찾을 수 있다.

- 길게 잡았을 때(스틱 뒷부분을 잡았을 때)
  - 악센트 연습에 유리 : 스틱을 길게 잡으면 스틱이 무거워지므로 탭 스트로크 컨트롤에 용이하다.
  - 파워 있게 칠 때 유리 : 스틱 무게가 무거워지므로 힘 있는 소리를 낼 수 있다.
  - 같은 이유로 스틱을 거꾸로 잡고 칠 수도 있다.

- 그럼 결국 어떻게 잡아야 하는가?

익숙해지고 나면 어떻게 잡든 상관이 없다.

짧게 잡든 길게 잡든 자신만 편하면 된다.

위에 말한 것은 짧게 혹은 길게 잡았을 때의 일반적인 장점일 뿐이다.

필자가 중요하게 생각하는 것은 스트로크 시에 뒷 손가락(4, 5번 손가락)이 스틱에서 떨어지지 않게 하는 것이다.

바운스 자체만 봤을 때는 스틱을 가장 적은 면적으로 잡는 것이 좋기 때문에 뒷 손가락이 떨어져 있는 것이 더 좋으나 드럼의 많은 테크닉을 편안하게 소화하려면 뒷 손가락이 항상 스틱에 붙어 있어야 한다.

특히 빠른 스피드에서 컨트롤을 위해선 이것이 필수이다.

스스로 치는 모습을 동영상이나 거울을 보면서 손가락이 떨어져 있지 않은지 체크해보자!

펌킨스 Tip2 패드(스네어) 연습 시에 체크해 봐야 할 것들!

1. 양쪽 스틱이 한 점을 치고 있는가?

   양쪽 스틱이 모아지지 않고 떨어져서 치지 않도록 주의!

   초보자들의 경우 팔꿈치가 옆구리에서 너무 떨어져 있으면 스틱도 벌어진다. 양손의 간격은 한 뼘 정도로 좁힌다.

2. 손목 높이

   양손 손목 높이가 같은가?

   손목 높이는 팔꿈치에서 패드까지 일자로 아래로 기울이게 하여 위치를 잡는다. 손목이 아래나 위로 꺾여 있으면 팔과 스틱이 일자로 되지 않는다.

3. 손목 각도

   · 손목 각도는 크게 ① 손등을 하늘로, ② 손등을 벽으로(엄지가 하늘로), ③ 손등을 45° 방향으로 할 수 있는데 처음에는 손목의 원활한 활용을 위해 손등을 하늘로 하는 자세가 좋다.

   · 손목 각도는 돌아갈 수도 있는데 중요한 것은 각도가 어떠하든 양손의 각도가 같아야 한다는 것이다.

4. 패드가 너무 높지 않은가?

   패드 높이가 높으면 어깨가 들릴 확률이 많다. 초보자들은 어깨에 힘을 빼는 것이 쉽지 않은데 패드까지 높다면 어깨가 올라가 힘이 들어가기 쉽다. 따라서 패드는 무릎보다 낮게 세팅하는 것을 추천한다.

5. 허벅지에 스틱이 부딪힐 때는?

   한쪽 다리를 배꼽 위치로 양손 사이에 놓고 한쪽 다리는 벌려서 바깥으로 빼서 앉으면 다리에 부딪히지 않고 편하게 연습할 수 있다.

   단, 세트 드럼에서는 다리를 벌려 앉아야 하고 림샷 등의 테크닉을 편하게 쓰기 위해 스네어 높이를 무릎보다 높게 하는 것이 편하다.

PART 3

악센트

LESSON 1 셈여림

• 클래식 타악에서는 아주 중요한 연습이지만 세트 드럼에서는 악보상으로 표시되는 경우도 거의 없고 자주 쓰이지도 않는다. 하지만 셈여림 공부를 해 놓으면 강약 조절을 통해 훨씬 맛깔스런 연주를 할 수 있다.

• 드럼에서의 셈여림은 '세게치고 여리게 친다'라고 이해하지 말고 스틱의 높이로 셈여림을 표현한다고 생각하면 된다.
곡에 따라 힘을 주어 세게 쳐야 하는 경우도 물론 있지만 기본적으로는 릴렉스된 상태에서 '같은 힘의 터치'를 적용하여 높낮이 차이로 조절한다고 생각하자.

• 예를 들면 아래의 사진처럼 각 셈여림 기호마다 스틱의 높이를 나타낼 수 있다.
이 사진의 높이는 절대적인 것이 아니라 임의의 6단계로 스틱 높이를 나누어 본 것이다. 스틱의 높이는 곡의 볼륨이나 느낌에 따라 얼마든지 달라 질 수 있다.

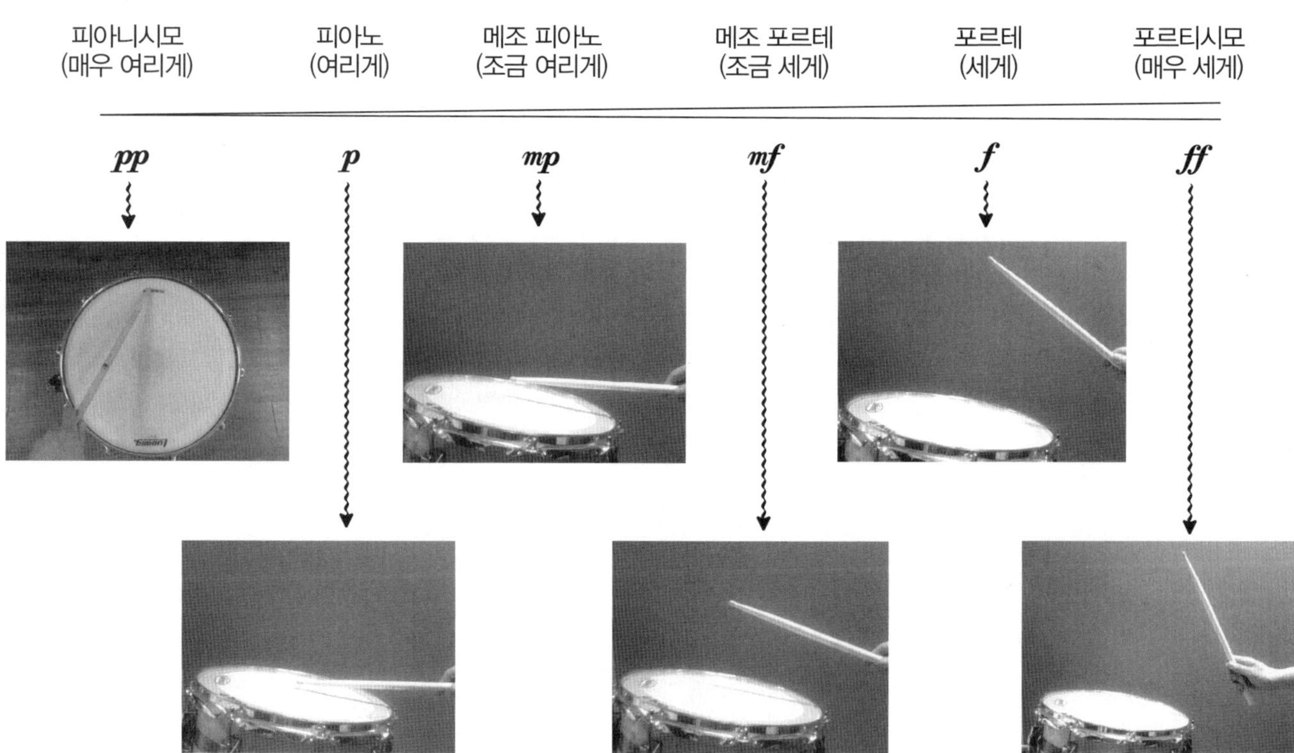

※ 메조 피아노는 스틱 한 두개 높이, 피아노, 피아니시모는 제자리에서 친다.
피아니시모는 스네어 위 가장자리를 치면 더 여린 소리를 낼 수 있다. 포르테를 스네어 정중앙으로 봤을 때 메조 포르테부터 피아니시모까지 스틱 가장 자리로 조금씩 자리를 이동할 수도 있다(같은 높이로 친다면 스네어 가장자리로 갈수록 소리가 작아진다).

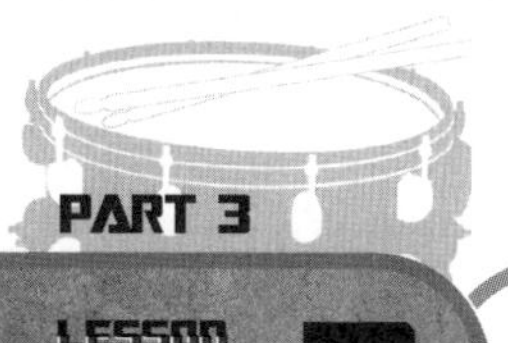

LESSON 2

셈여림을 이용한 기본 스트로크

❗ 각 셈여림마다 높이에 신경써서 스트로크 한다.

연습 1

R R R R R R R R L L L L L L L L

연습 2

R R R R R R R R L L L L L L L L

연습 3

R R R R R R R R L L L L L L L L

손이 바뀔 때 첫번째 음표가 크게 나오지 않도록 주의!

연습 4

R R R R R R R R L L L L L L L L

연습 5

R R R R R R R R L L L L L L L L

연습 6

세트드럼 연주자라면 피아니시모는 생략하고 피아노까지 다섯 단계만 연습해도 좋다.

R R R R R R R R L L L L L L L L

LESSON 3 스트로크의 종류(풀, 다운, 탭, 업)

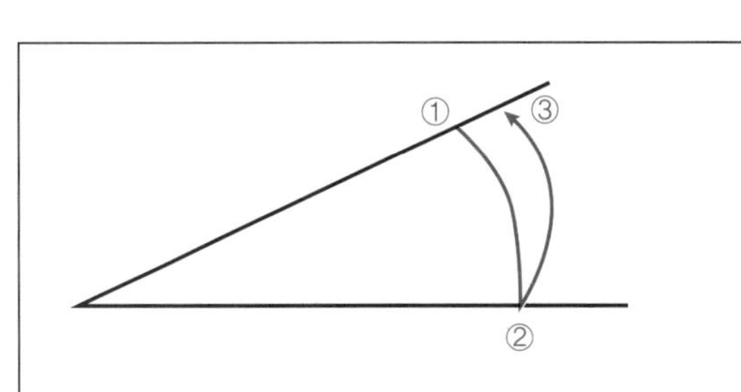

Full Stroke

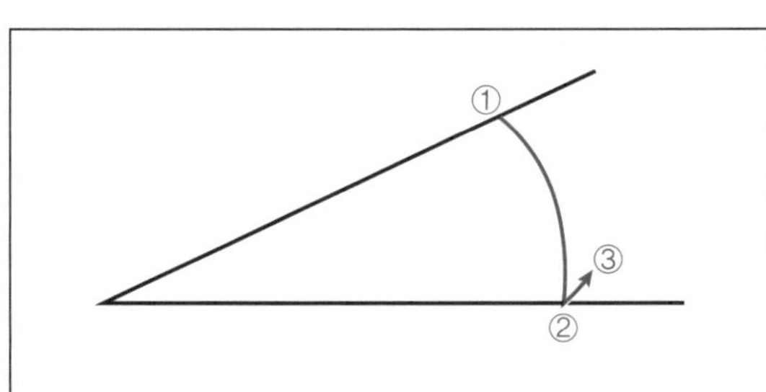

Down Stroke

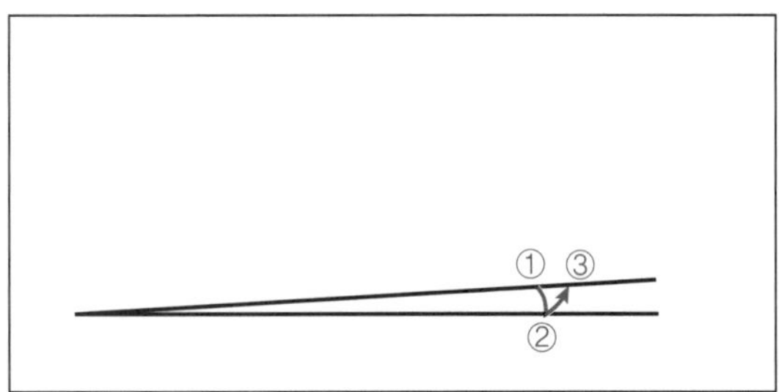

Tap Stroke

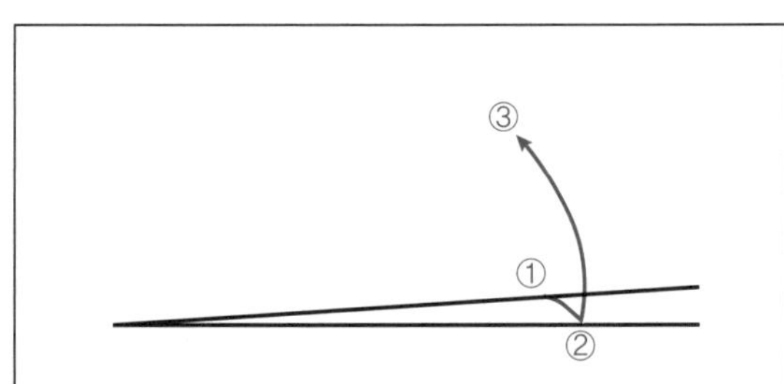

Up Stroke

- **Full Stroke** : 스틱을 멈추지 않고 연속으로 치는 스트로크 ········· *mf f ff*
- **Down Stroke** : 스틱을 위에서 아래로 치고 멈춰주는 스트로크 ········· *mf f ff*
- **Tap Stroke** : 스틱을 아래에서 낮게 치는 스트로크 ········· *pp p mp*
- **Up Stroke** : 스틱을 낮은 곳(Tap의 위치)에서 치고 올려주는 스트로크 ········· *pp p mp*

연습 1 풀 스트로크

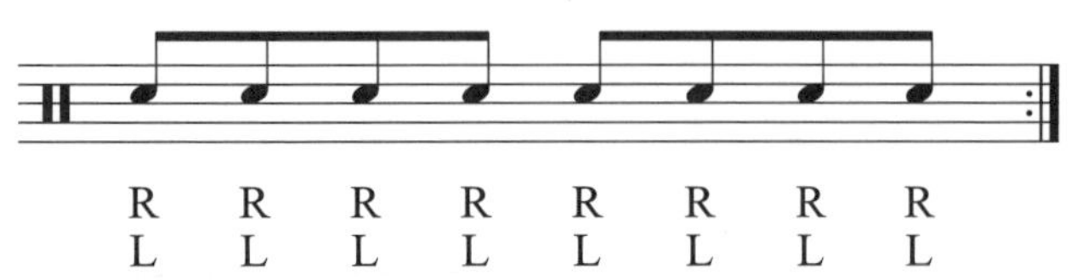

R R R R R R R R
L L L L L L L L

연습 2 다운 스트로크

R R R R
L L L L

연습 3 탭 스트로크

R R R R R R R R
L L L L L L L L

연습 4 업 스트로크

R R R R
L L L L

LESSON 4 다운, 탭, 업의 적용

❗ 악센트가 들어간 악보에서 다운, 탭, 업의 활용을 배워보자. 아래 악보로 이론을 익힌 후 다음 페이지 악보로 연습하자.

• Down 후에 스틱을 최대한 낮게 해야 Up 소리를 작게 낼 수 있다.

• Up 타이밍이 빠르지 않도록 메트로놈으로 연습하자.

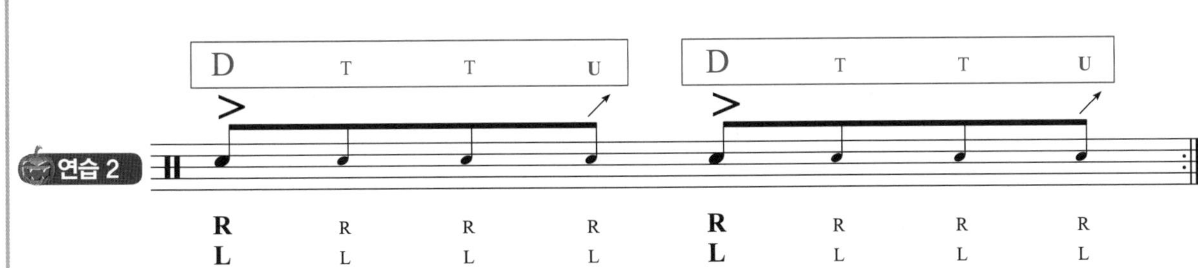

• 악센트는 항상 Down 또는 Full 스트로크이고, 악센트 바로 앞의 음표는 당연히 Up 스트로크가 되어야 한다. Up으로 스틱을 미리 올려놔야 Down을 정확한 타이밍에 칠 수 있기 때문이다.

• Tap과 Up의 소리는 같아야 한다. 특히 Up 할 때 세게 치지 않도록 주의한다.

연습 2의 R사이에 L을 넣어 16분음표로 만들면 아래의 연습 3이 된다.

• 왼손은 Tap 스트로크 뿐이다. 오른손이 변하더라도 Tap으로 일정하게 칠 수 있도록 하자.

• 오른손만 따로 보면 연습 2와 같이 D T T U의 반복이다.

• 오른손 Up과 왼손의 Tap 소리가 같도록 주의해서 친다.

LESSON 5 한손 악센트 트레이닝

❗ 양손으로 연습하기 전 한손으로 연습해서 정확한 동작을 익혀 놓는 것이 중요하다.

• F : 풀 스트로크 • D : 다운 스트로크
• U : 업 스트로크 • T : 탭 스트로크

♩= 60부터 점점 빠르게

연습 1

연습 2

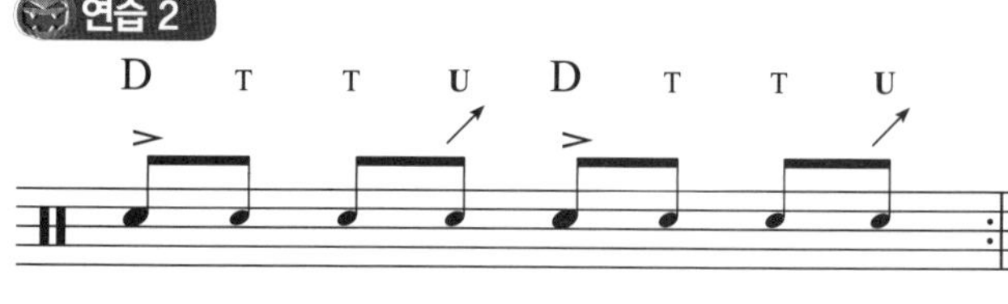

연습 3

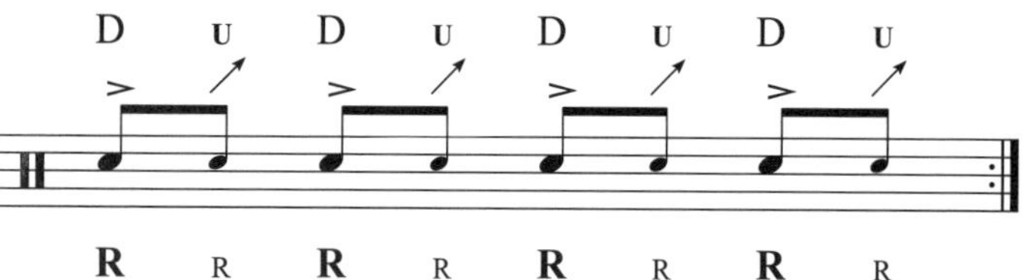

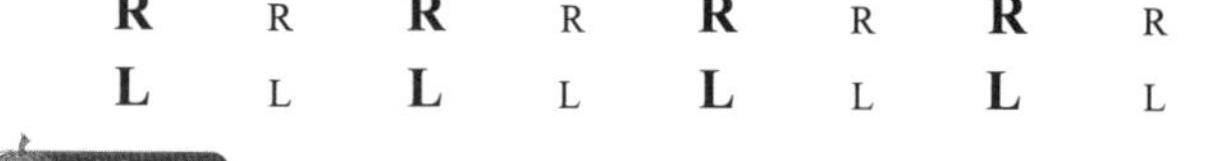

연습 4

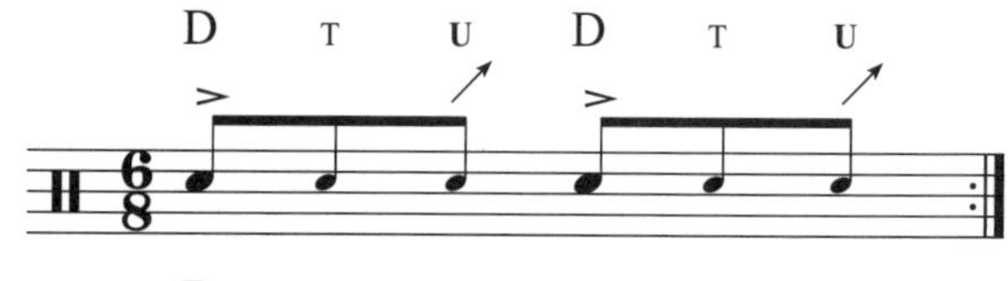

연습 5

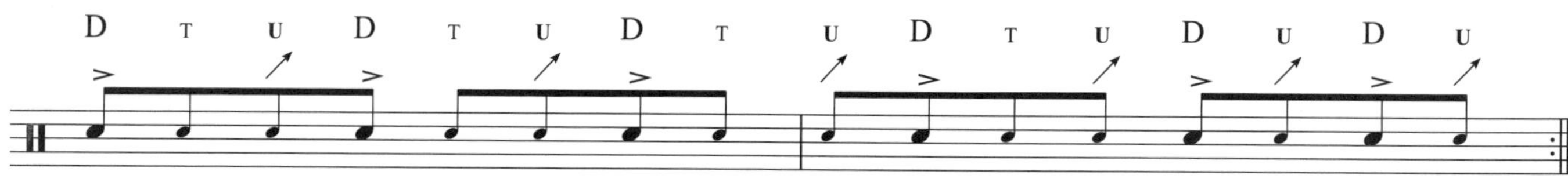

연습 6

연습 7

연습 8

연습 9

연습 10

연습 11

연습 12

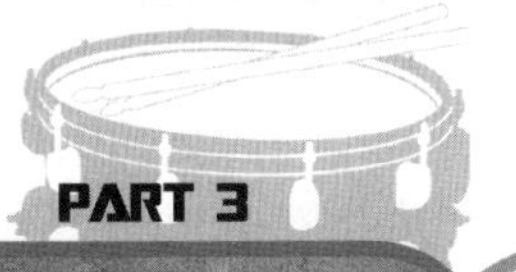

LESSON 6 양손 악센트 기본 연습 1

❗ 처음에는 업을 너무 신경쓰지 말고 악센트의 위치만 신경쓰면서 해보자. 익숙해진 후 업을 확실히 하여 연습한다.

♩= 30 이하부터

A, C = 왼손은 탭만 매우 느리게 D T U T 동작을 정확히 하면서 연습한다. B, D = 오른손은 탭만

펌킨스 Tip1 **완벽한 악센트를 위해!**

- 모든 연습에서 Tap을 하는 손은 스네어(연습 패드)가 아닌 다른 곳을 쳐보자.
  이렇게 하면 양손을 각각 분리해서 들어 볼 수 있다.
  Down, Up을 하는 손에 영향을 받지 않고 Tap을 일정하게 치고 있는지 확인해보자.
- 예를 들어, 1-A의 경우 오른손은 연습패드를, 왼손은 의자나 탁자 등을 치면서 Tap이 커지거나 작아지거나 하는지, 간격이 변하는지 등을 확인한다.

펌킨스 Tip2 **다운 업을 확실히 구별하고 왼손 탭을 일정하게 하는 연습**

LESSON 7

양손 악센트 기본 연습 2

❗ 악보를 외우고 자신의 스틱을 보면서 자세를 체크하며 연습하자.

오른손은 풀 스트로크로 크고 일정하게,
왼손은 탭 스트로크로 작고 일정하게!

펌킨스 Tip! **악센트를 연습할 때 염두해야 할 것**

악센트는 세게 치는 것을 배우는 것이 아니라 작게 치는 것을 배우는 것이다.
드럼을 처음 배울 때 이미 세게 치는 것부터 배우고 있기 때문이다.
따라서 악센트(세게 치는 것)보다 더 중요한 것은 탭(작은 것)을 더 작고 균일하게 연주하는 것이다.

악센트를 좀 더 정확하게 치기 위한 팁

이 부분 탭을 흘려 보내면 안된다.
점선을 긋고 뒷박의 리듬을 새로 시작하는 기분으로 연습해야 한다.
메트로놈으로 포인트를 정확히 맞춰 연습한다.

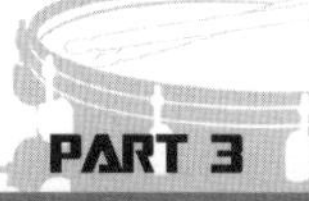

LESSON 8 응용연습

❗ 풀 스트로크에 주의해서 연습하자. 박마다 발박자를 밟으면서 하자. 발박자는 세트드럼에서 그대로 적용이 된다.

잠깐! 악보를 외우고 메트로놈에 맞춰 자기 스틱을 보면서 연습하자.
탭 스트로크가 일정한지 양손의 악센트 높이가 같은지 등을 스스로 체크해야 한다.

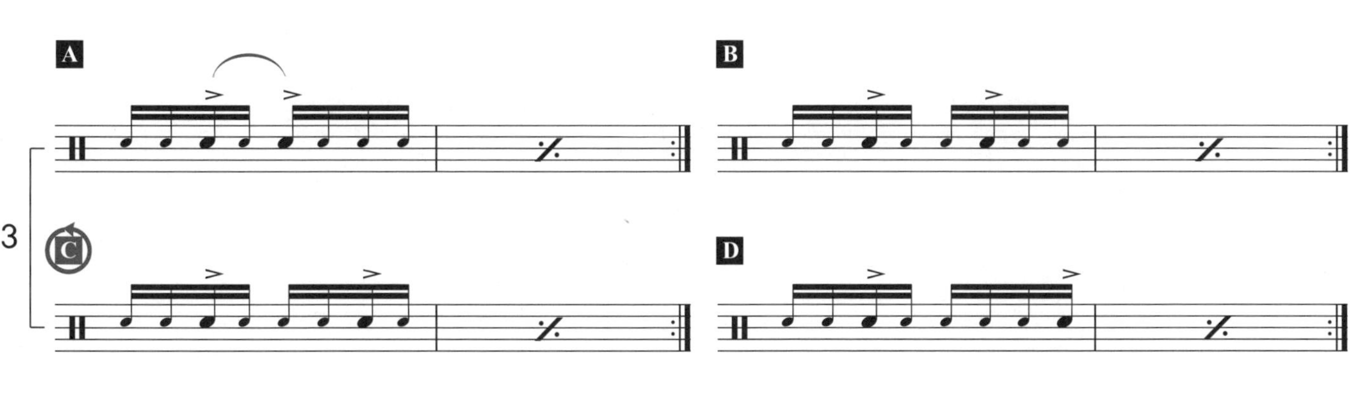

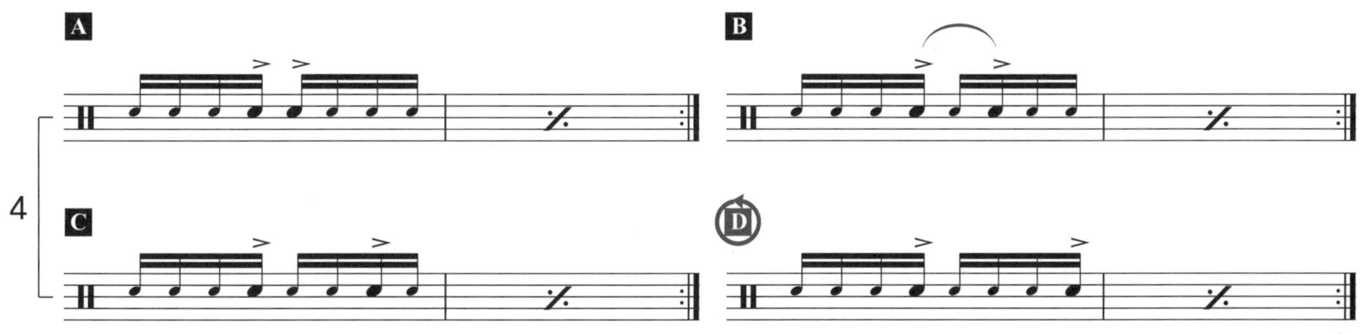

LESSON 9 응용연습

! 왼손 악센트가 걸리는 B와 D는 다소 어려울 것이다. 하루만에 완성하려고 생각하지 말고 시간을 두고 연습하자.

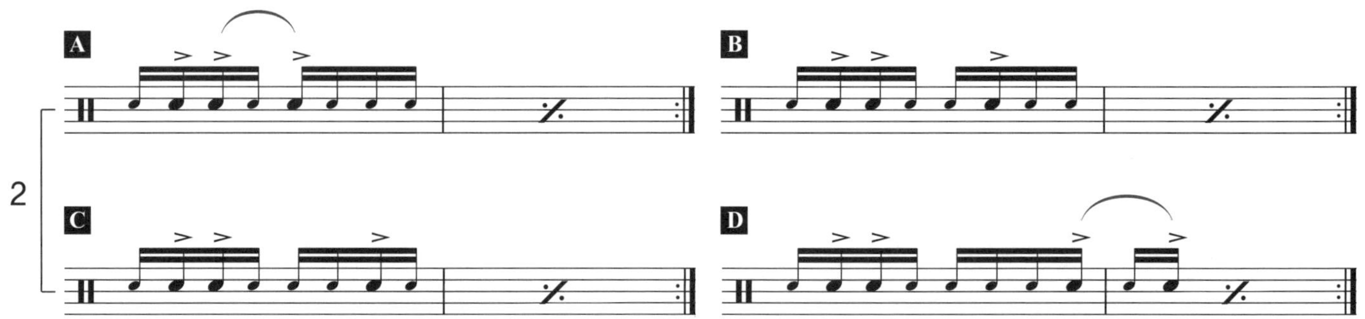

탭 스트로크가 커지면 악센트는 의미 없는 것이 된다.
명심하자. 최대한 작고 고르게!

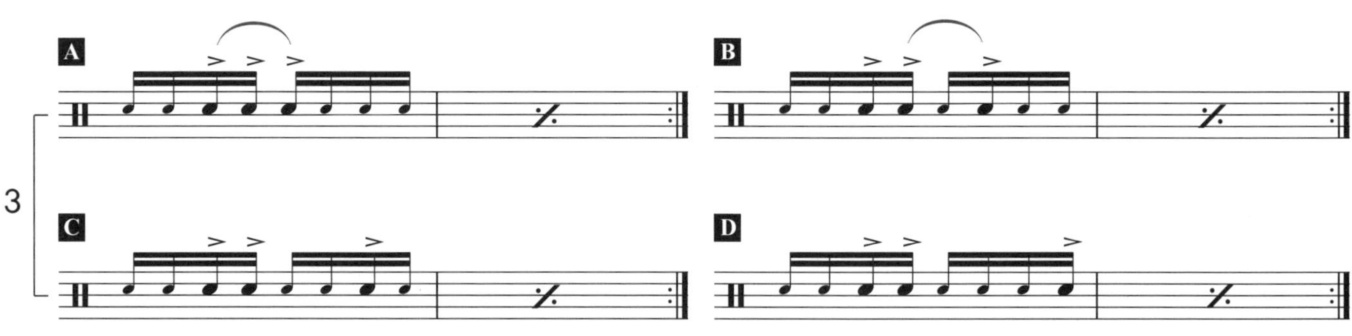

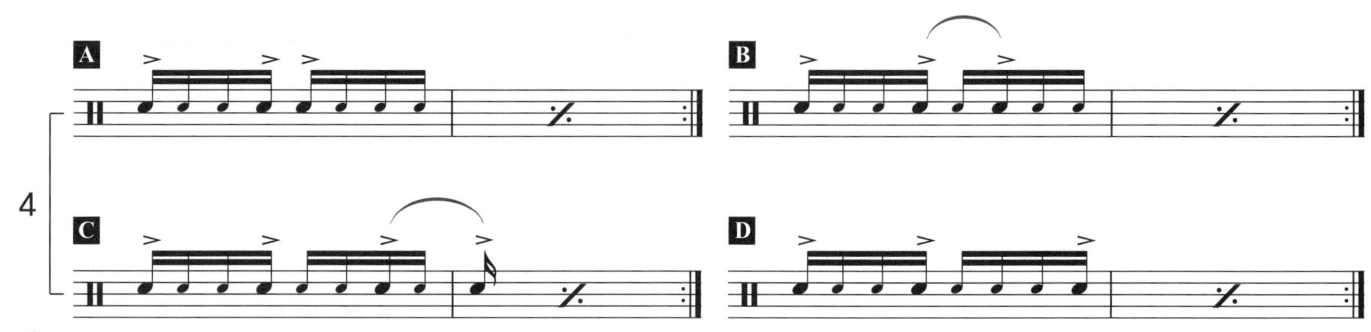

LESSON 10 응용연습

❗ 어려운 리듬은 박 사이에 점선을 끊고 하나하나씩 따로 연습하자.

1
A B
C D

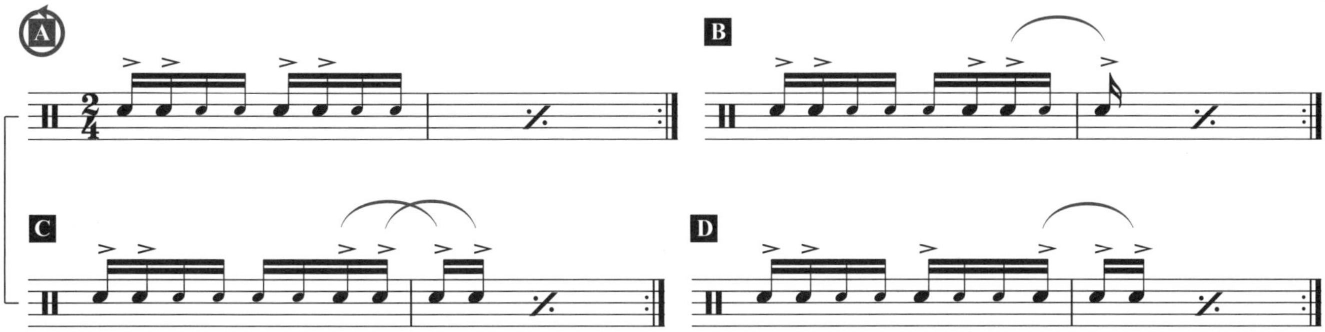

2
A B
C D

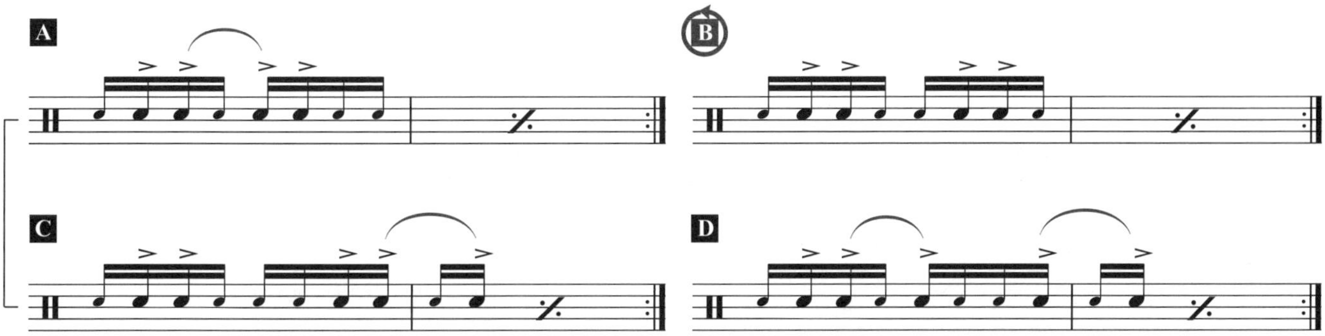

3
A B
C D

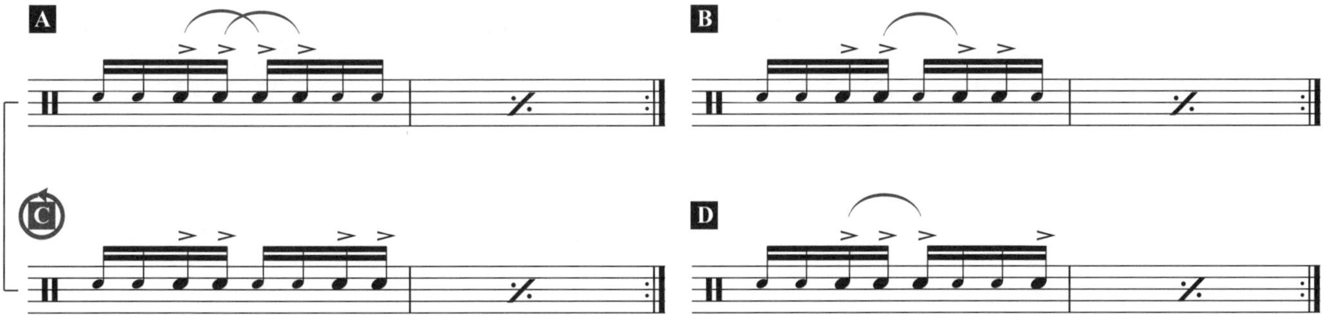

4
A B
C D

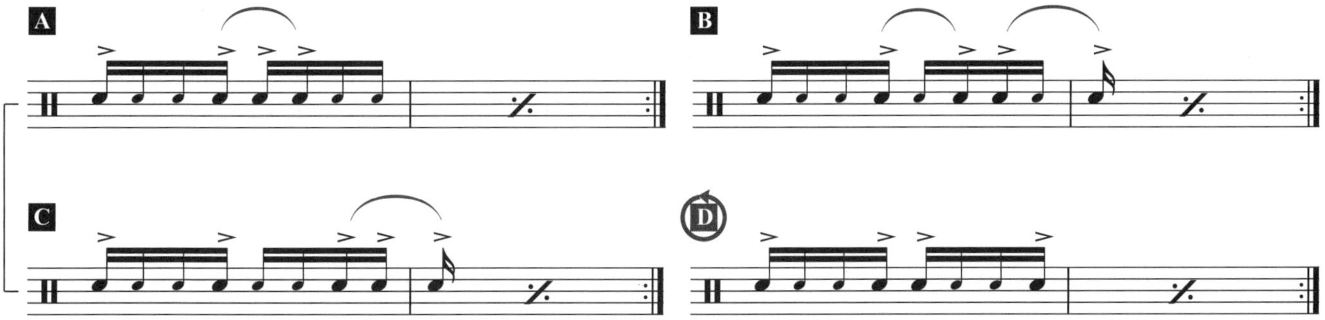

LESSON 11 응용연습

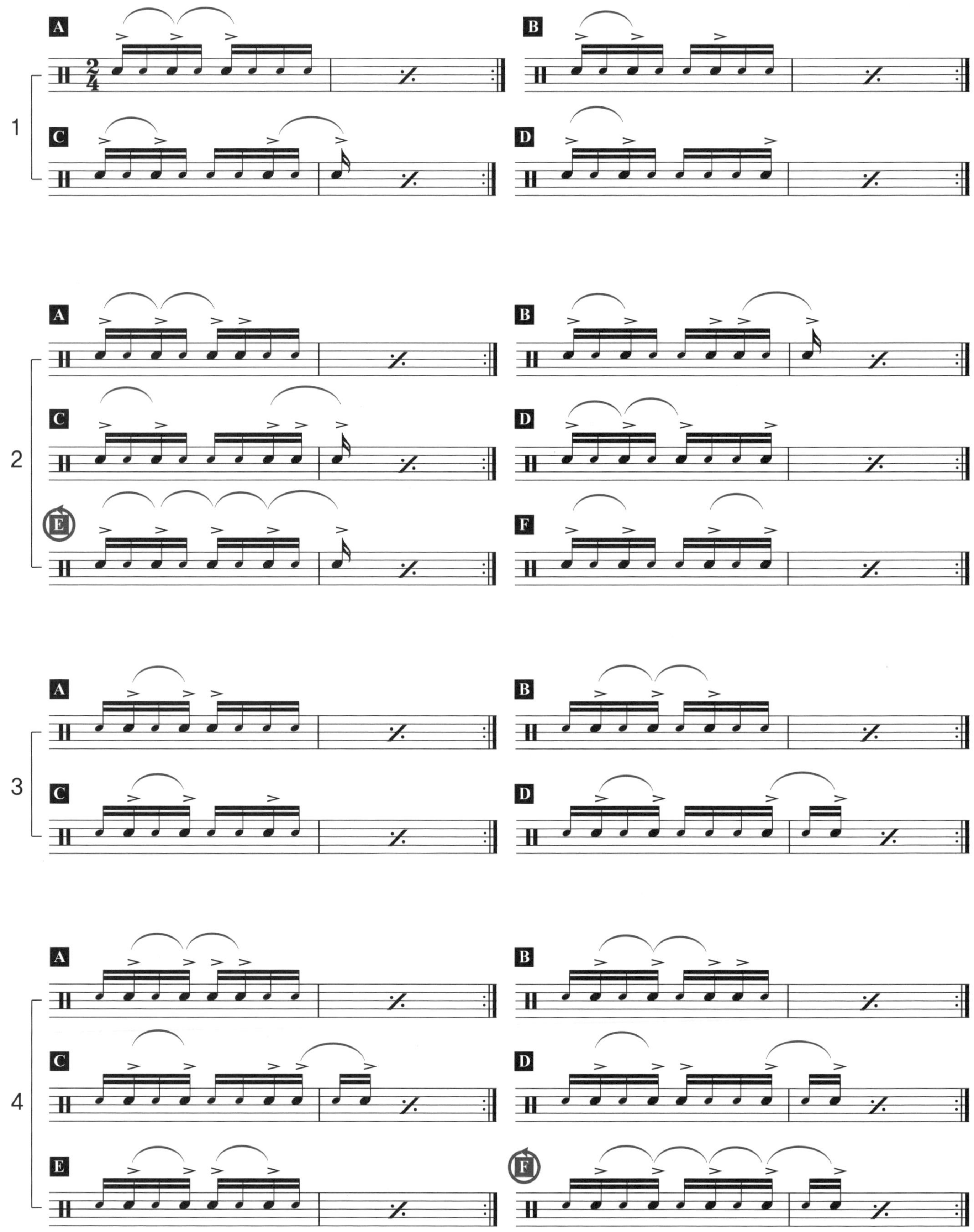

1
A
B
C
D

2
A
B
C
D
E
F

3
A
B
C
D

4
A
B
C
D
E
F

LESSON 12 응용연습

❗ 작은 음표 탭을 확실히 하도록 하자.

1

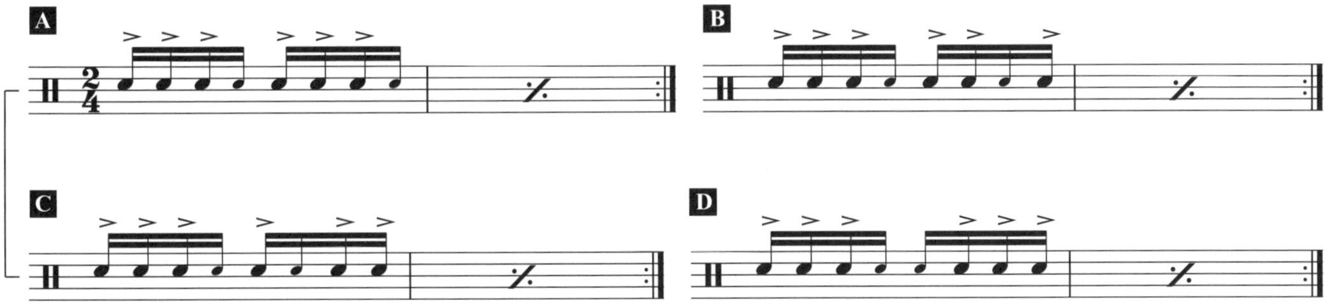

A B C D

2

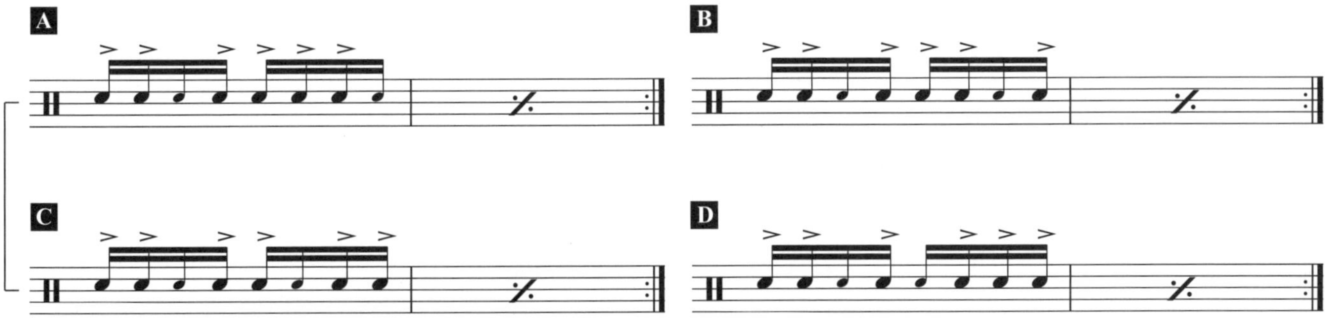

A B C D

3

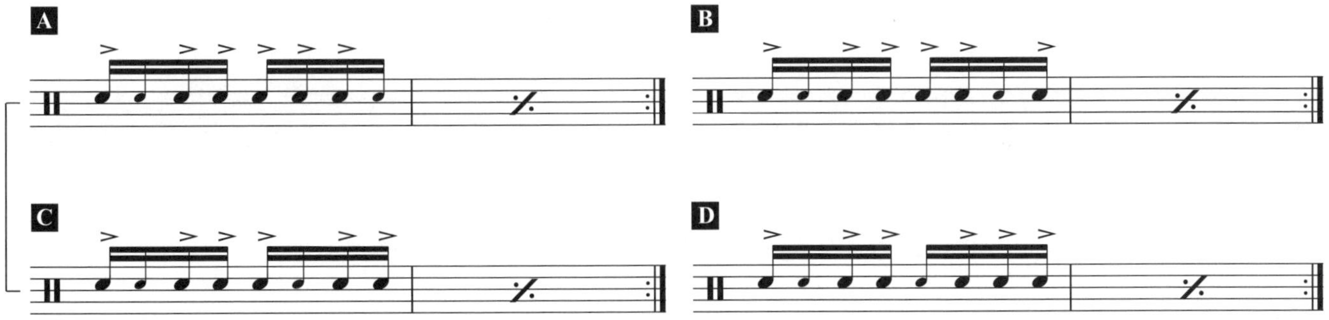

A B C D

4

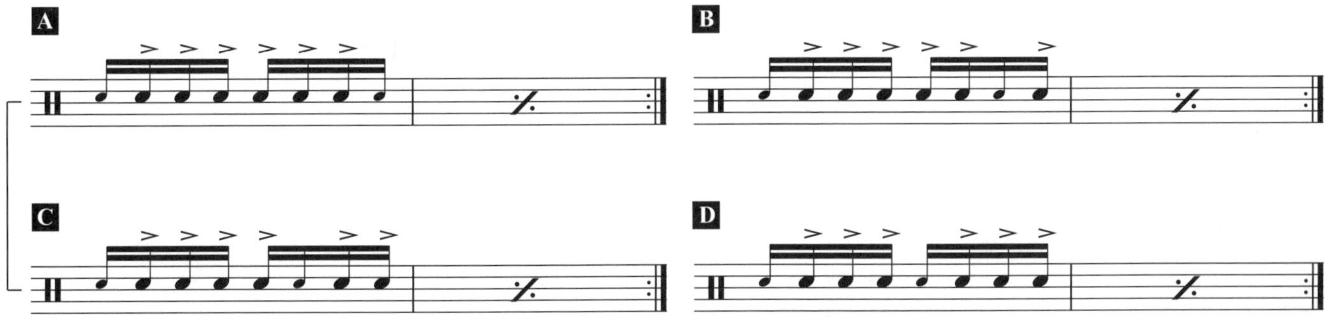

A B C D

LESSON 13 악센트를 이용한 폴리 리듬

❗ 폴리 리듬 : 대조적인 두 가지 이상의 리듬이 동시에 진행되는 복합적인 리듬

♩= 80 ~ 160 연습 1~4는 4박 3연음을 이용한 패턴들이다.

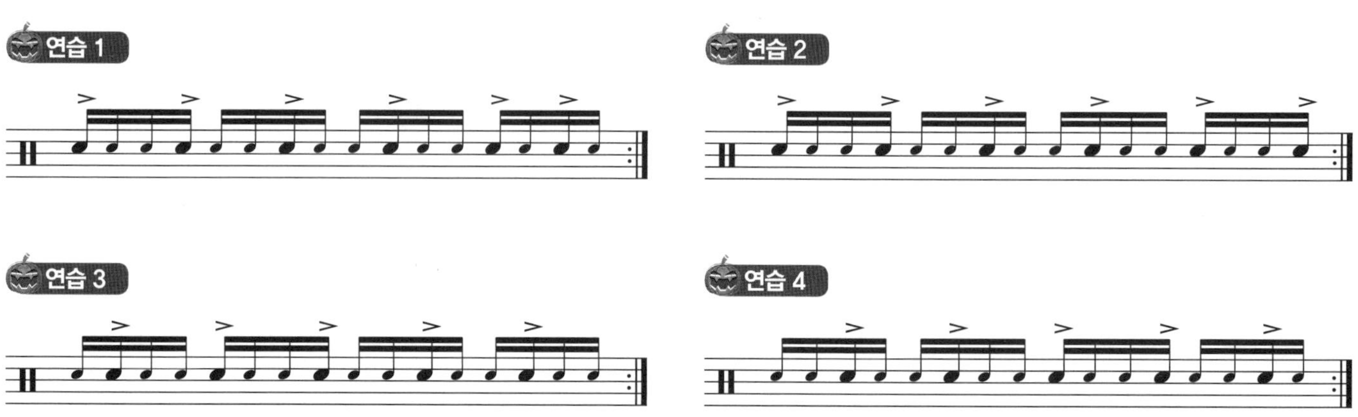

4박 3연음은 정말 자주 쓰이는 악센트 패턴이므로 완벽하게 숙지하도록 하자.

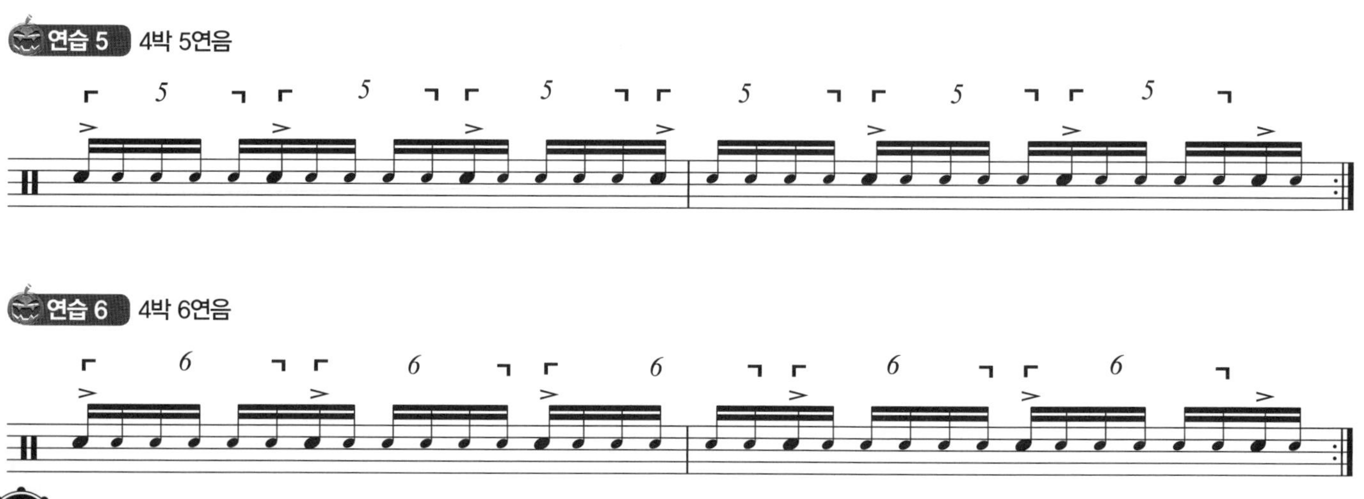

LESSON 14

4마디 스네어 악센트 솔로

❗ 탭이 고르게 나오도록 신경쓰자.

♩= 100 ~ 160

연습 1

연습 2

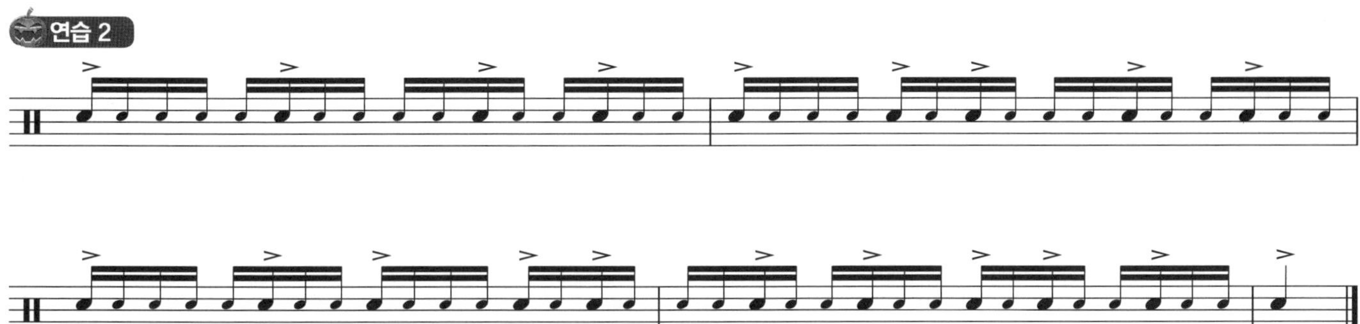

잠깐! 스틱이 높이 뜰 때에는 탭 스트로크로만 몇마디 진행 후 악센트를 넣어보자.

연습 3

연습 4

LESSON 15 4마디 스네어 악센트 솔로

❗ 세트에서는 베이스 드럼 위에 악센트로 연주하는 경우가 많다. 항상 발박자를 하면서 연습하자.

연습 1

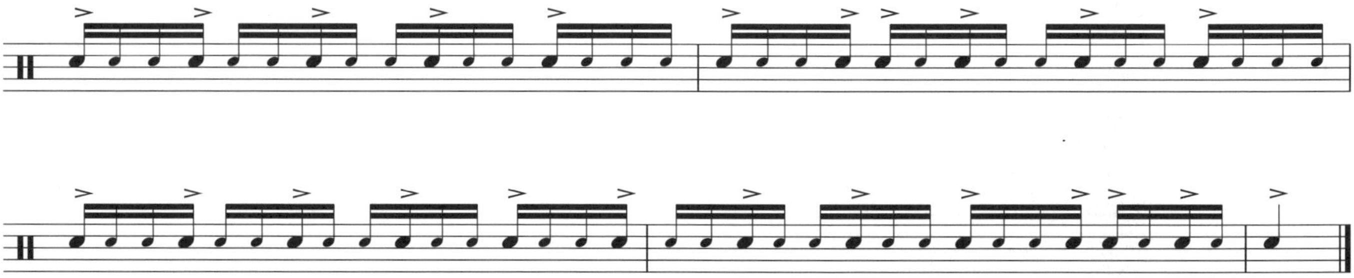

연습 2

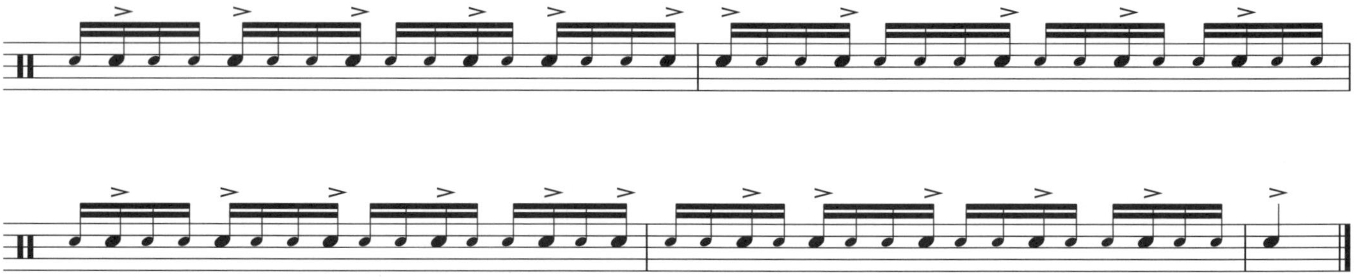

연습 3

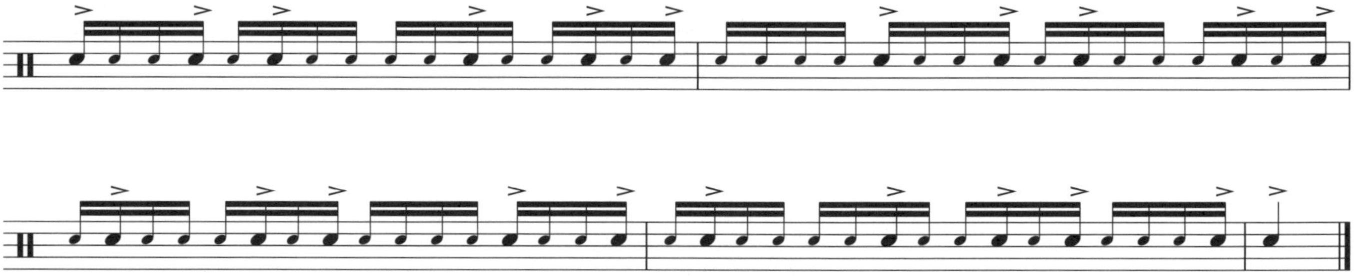

연습 4

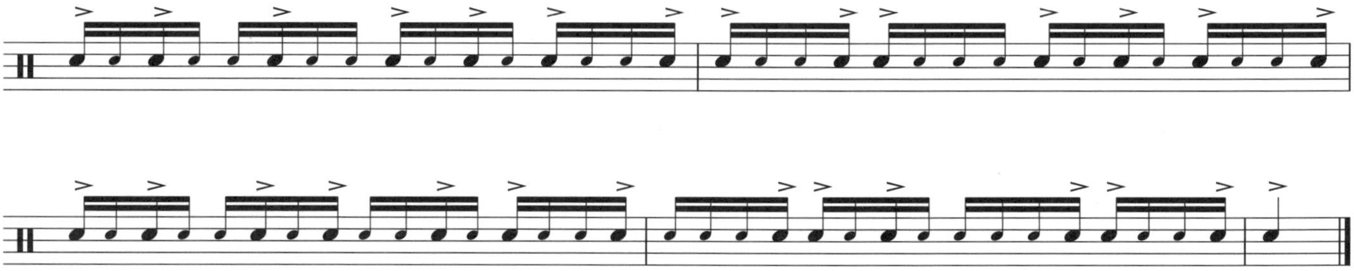

LESSON 16

4마디 스네어 악센트 솔로

연습 1

연습 2

연습 3

연습 4

LESSON 17 8마디 스네어 악센트 솔로

연습 1

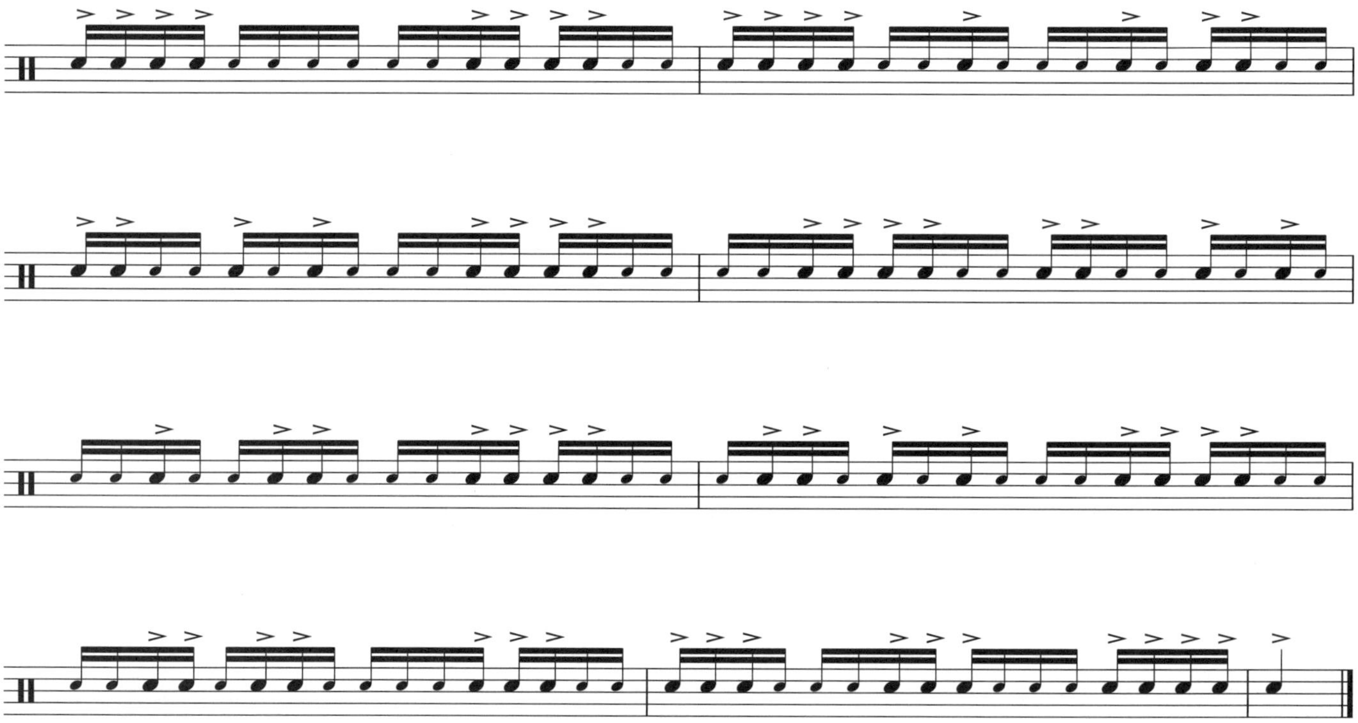

연습 2

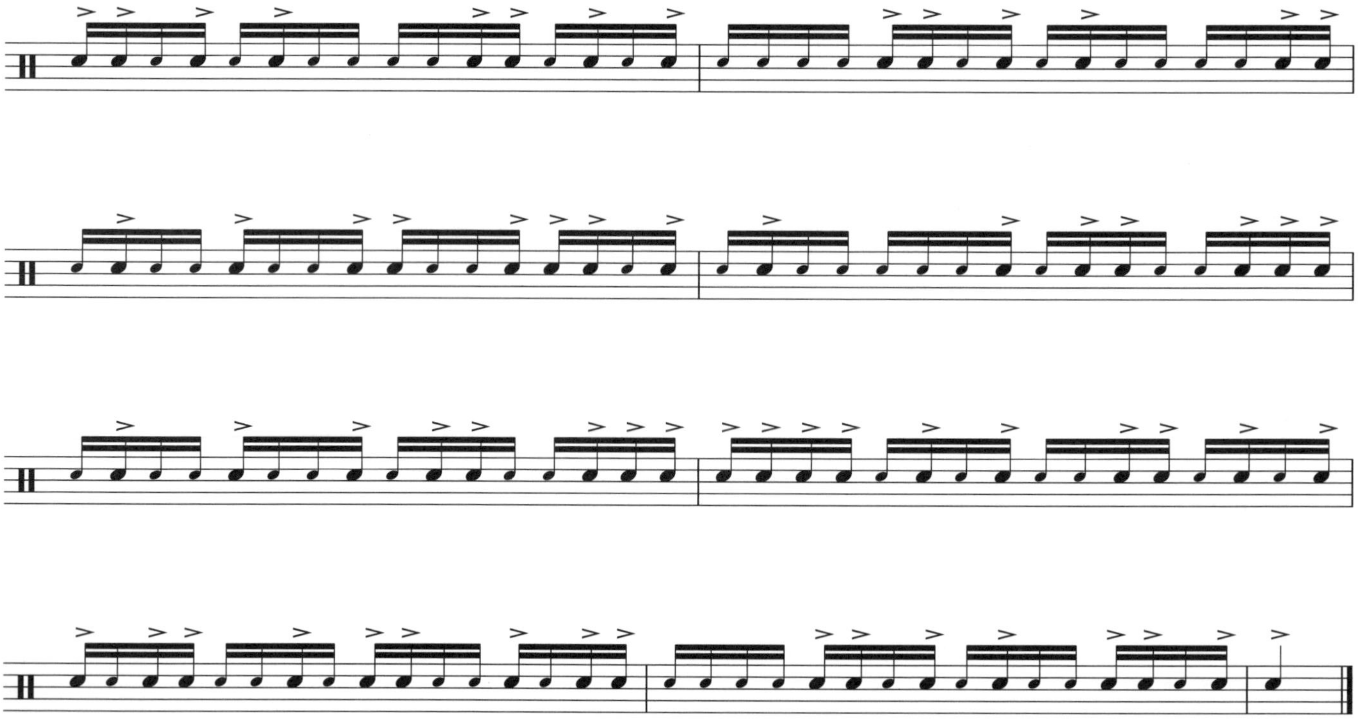

LESSON **18**

리듬에 악센트 적용 1

♩= 80 ~ 120

연습 1

R L R

연습 2

연습 3

연습 4

연습 5

연습 6

연습 7

R R L

연습 8

연습 9

연습 10

연습 11

연습 12

LESSON 19 리듬에 악센트 적용 2

❗ 발박자는 반드시 하도록 하고 헛치기는 하지 않는 것이 편하다.

♩= 80 ~ 110

연습 1

L R L

연습 2

연습 3

연습 4

연습 5

연습 6

연습 7

R L L

연습 8

연습 9

연습 10

연습 11

연습 12

LESSON 20 리듬에 악센트 적용 3

연습 1

R L

연습 2

R L

연습 3

L R

연습 4

L R

연습 5

R L

연습 6

R L

연습 7

R L

연습 8

R L

연습 9

L L

연습 10

L L

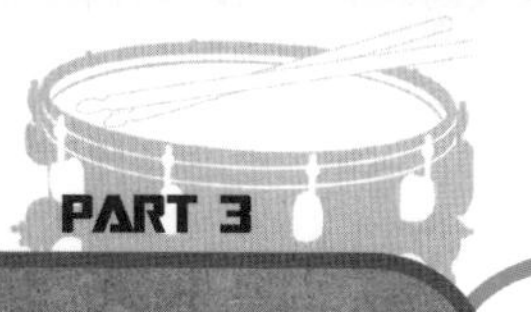

LESSON 21 4마디 스네어 악센트 솔로

❗ 어려운 것들은 한 마디씩 따로 연습하자.

♩= 80 ~ 120

연습 1

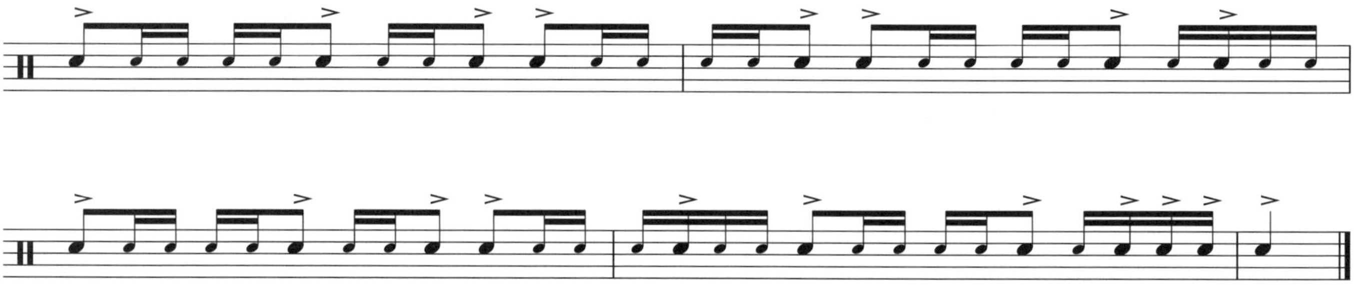

연습 2

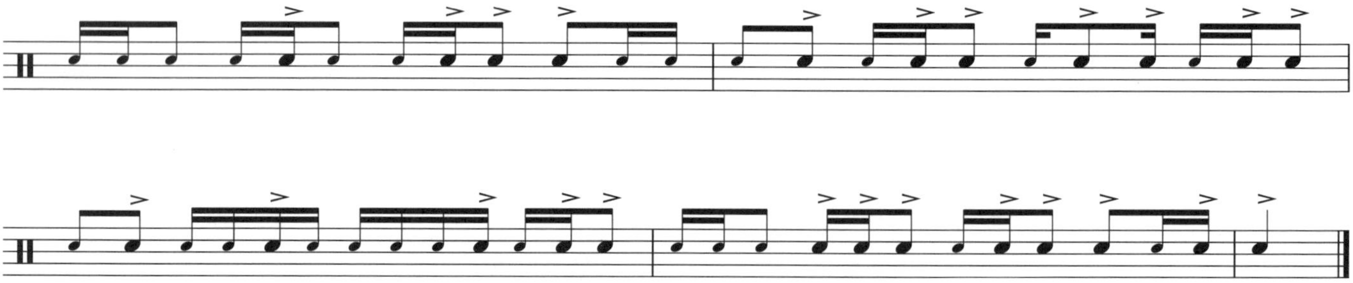

연습 3

연습 4

LESSON 22 4마디 스네어 악센트 솔로

♩= 80 ~ 120

연습 1

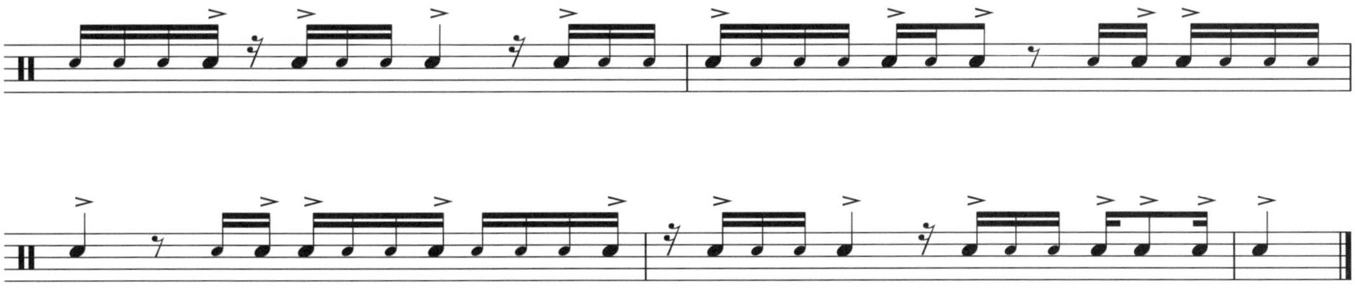

연습 2

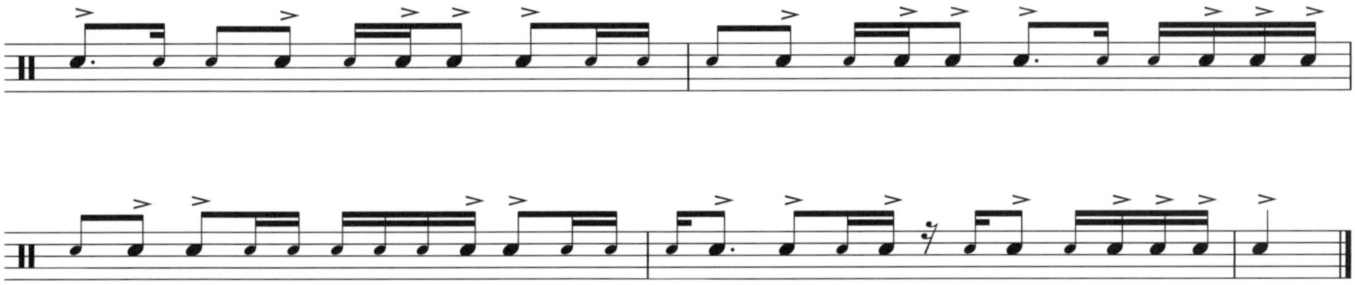

연습 3

연습 4

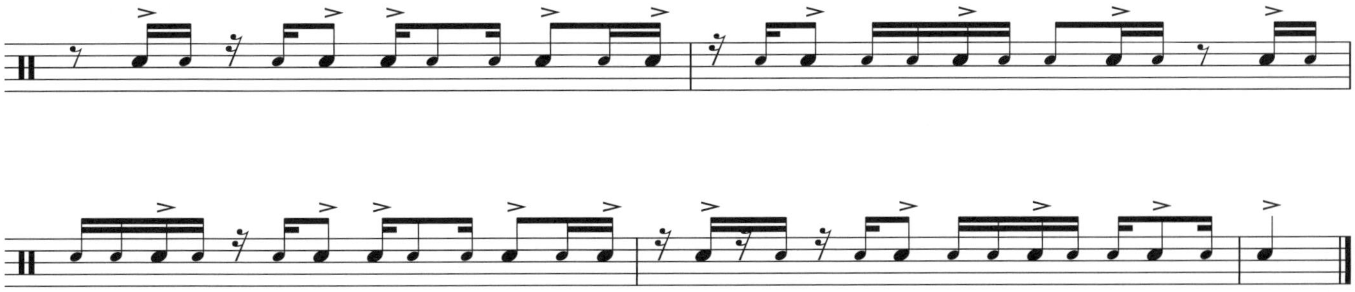

LESSON 23 크레센도

❗ 크레센도 : 점점 세게

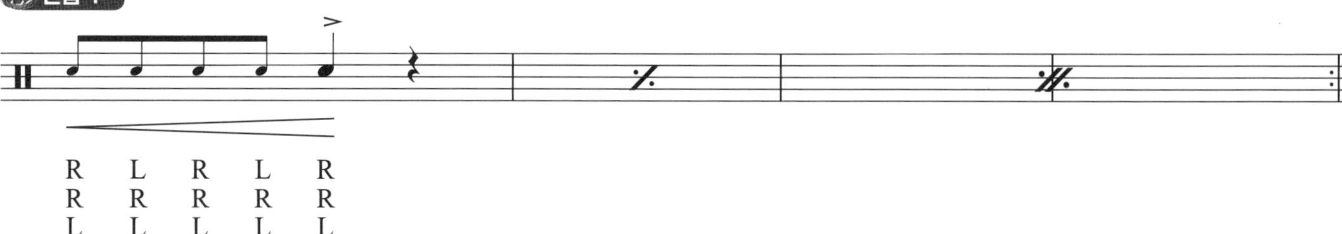

연습 2

연습 3

연습 4

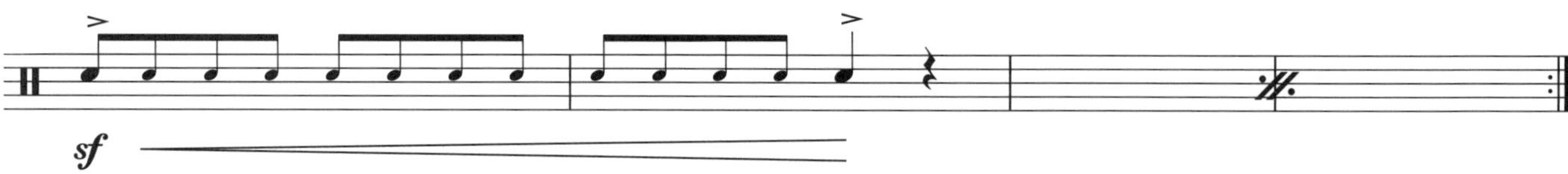

펌킨스 Tip!

처음부터 너무 크게 쳐버리면 마지막 부분에는 더 이상 크게 칠 수 없게 된다.
크레센도는 아래 B처럼 반을 끊어서 앞 부분은 작게 치고 뒷 부분부터 점점 크게 치는 것이 효과를 극대화 시킬 수 있다.

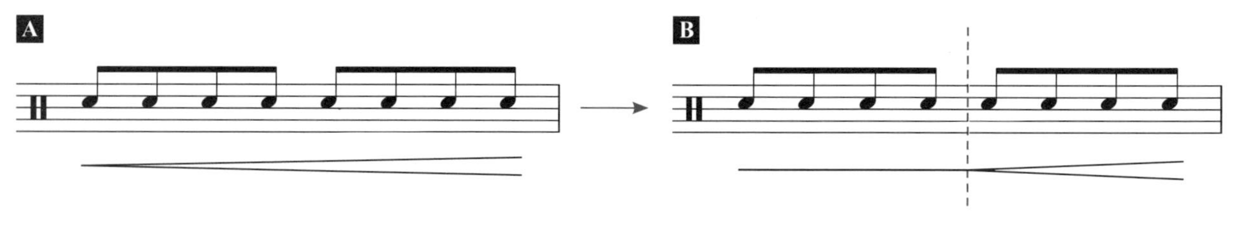

LESSON 24 16분음표 단위에서의 크레센도

♩= 80 ~ 140

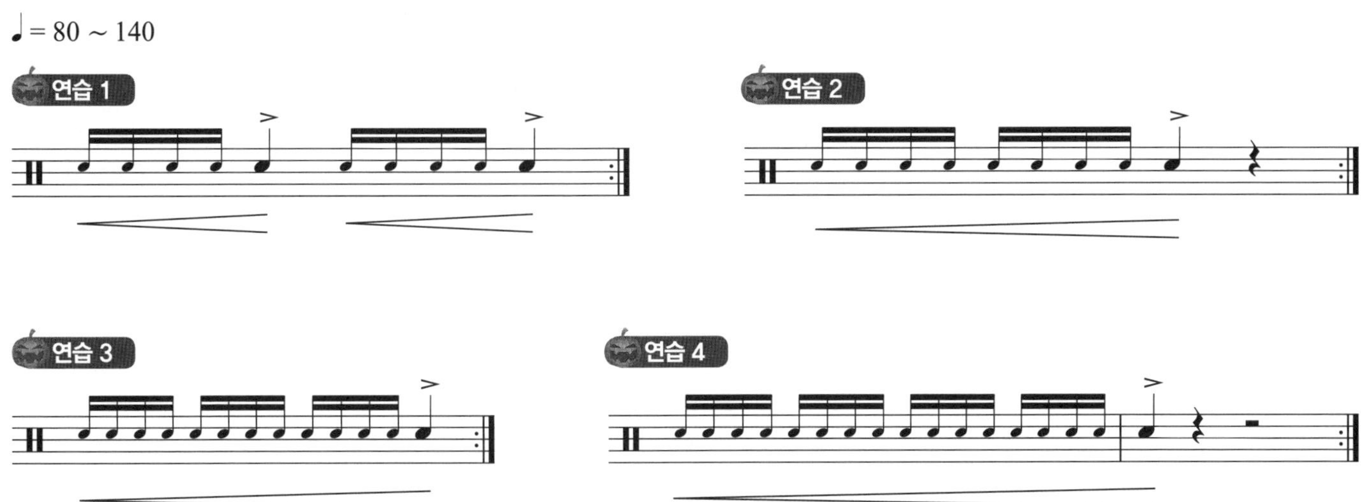

반드시 기억해야 할 것!
미리 너무 커져버리면 끝에 가서는 더이상 커질 수가 없다.

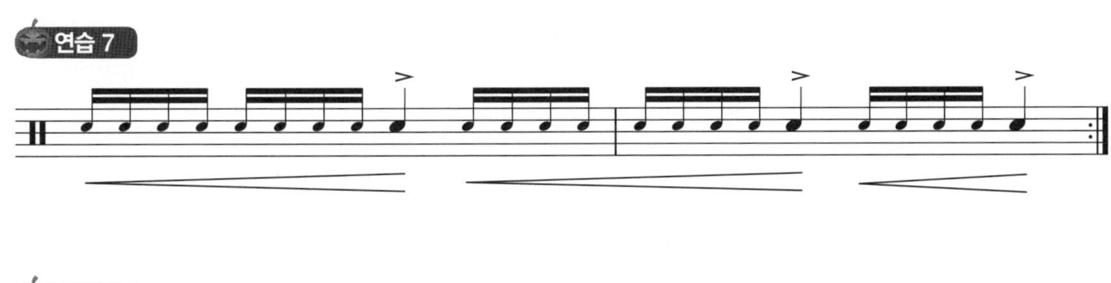

LESSON 25 응용연습

연습 1

연습 2

연습 3

연습 4

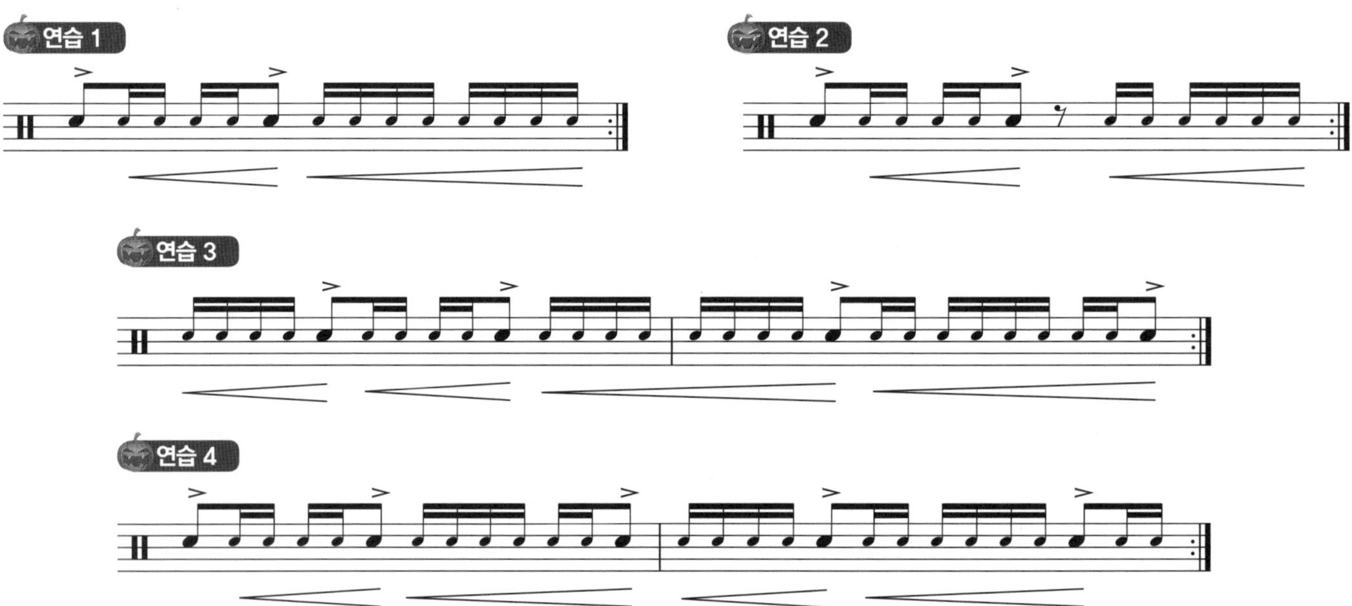

어려운 리듬들은 크레센도 없이 먼저 연습하자.

연습 5

연습 6

연습 7

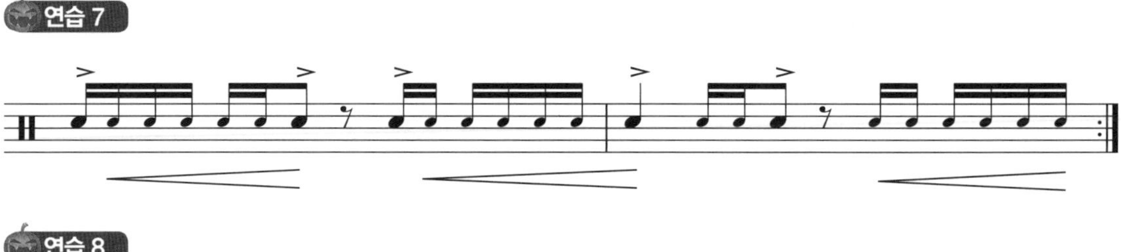

연습 8

LESSON 26 8마디 스네어 악센트 솔로

♩= 100 ~ 140

연습 1

연습 2

LESSON 27 8마디 스네어 악센트 솔로

연습 1

연습 2

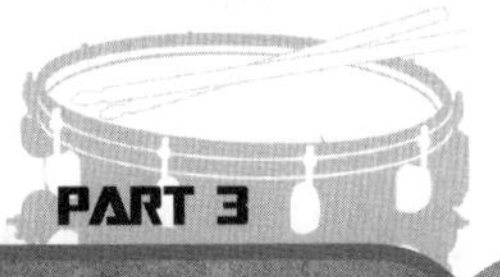

LESSON 28 3연음에서의 악센트

❗ 홀수이기 때문에 처음에 R, L이 헷갈릴 수 있으니 주의하자. 한 박마다 발박자를 하면서 연습하자.

♩. = 100 ~ 180

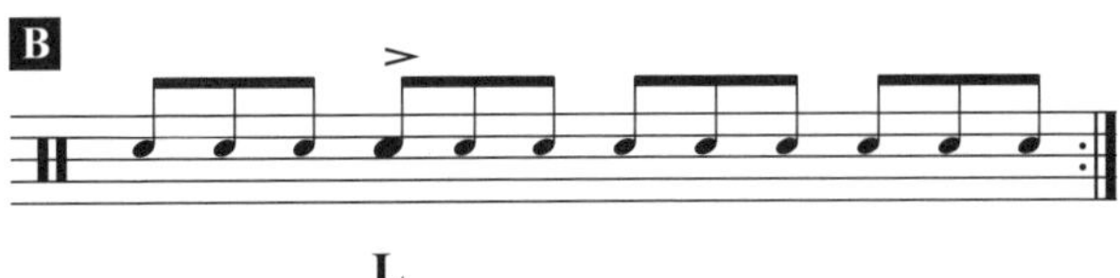

LESSON 29

응용연습

❗ 3연음 역시 4연음 악센트와 마찬가지로 풀 스트로크 부분에 터치가 자연스럽게 연결되도록 하자.

1

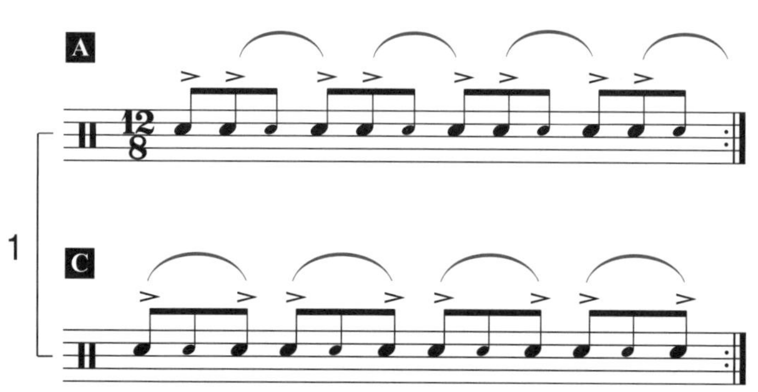

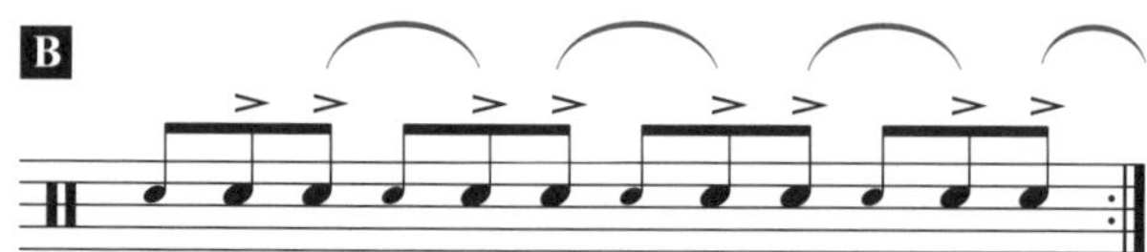

2

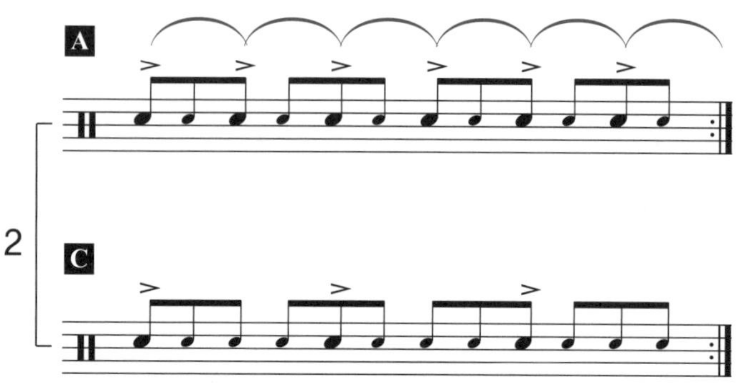

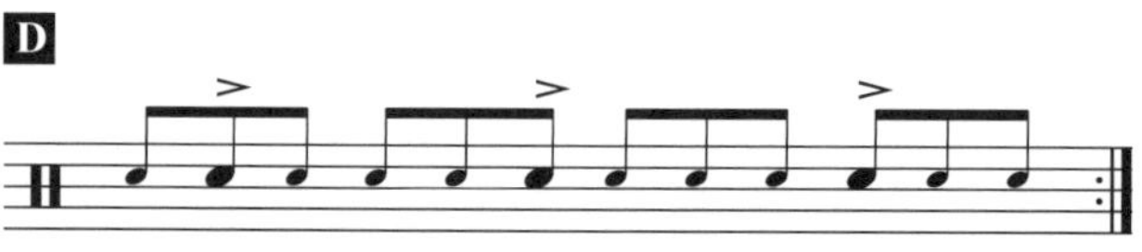

3

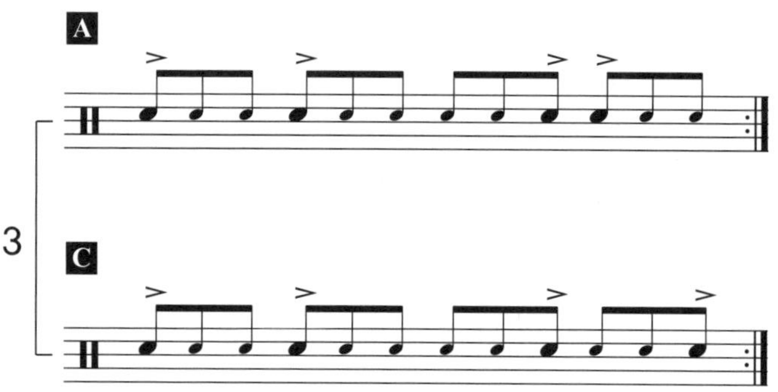

4

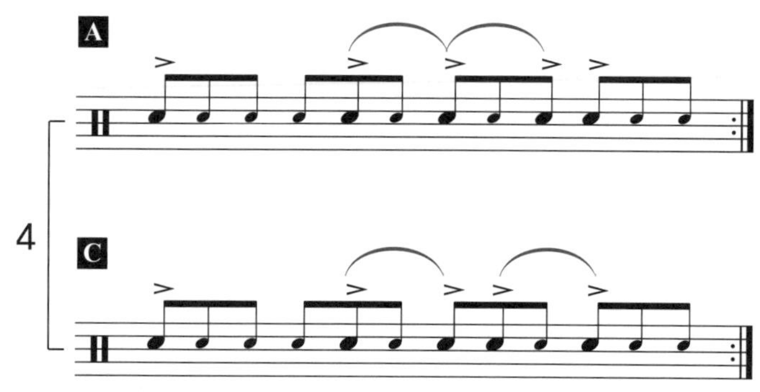

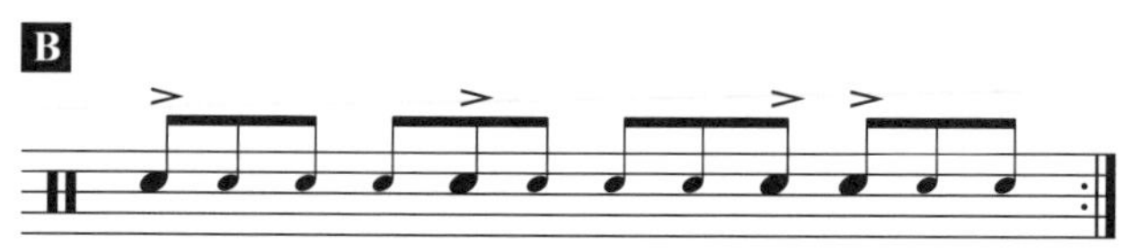

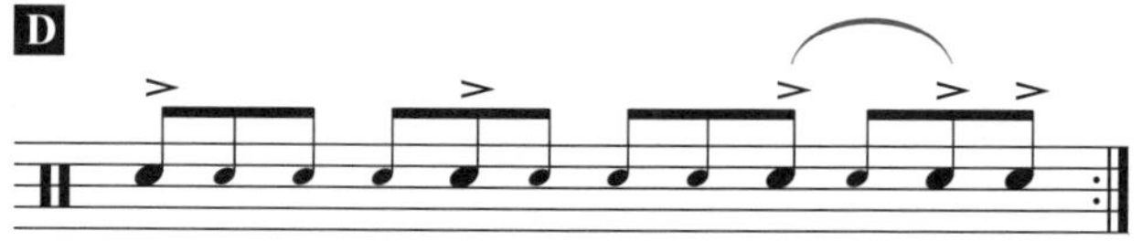

LESSON 30 응용연습

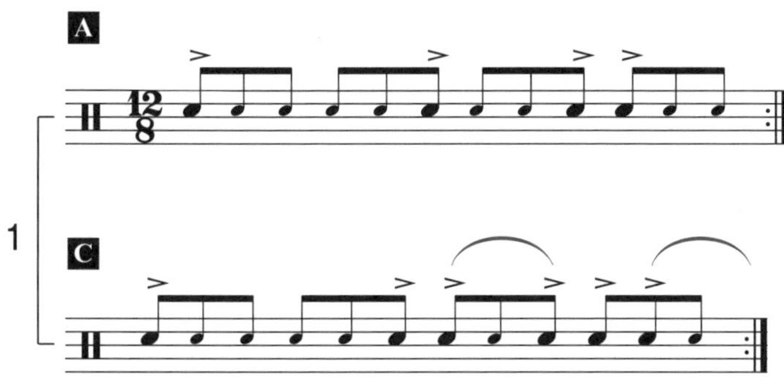

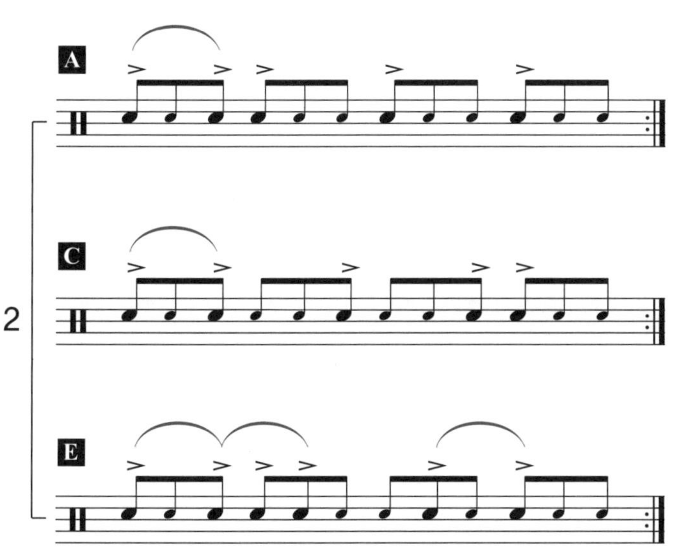

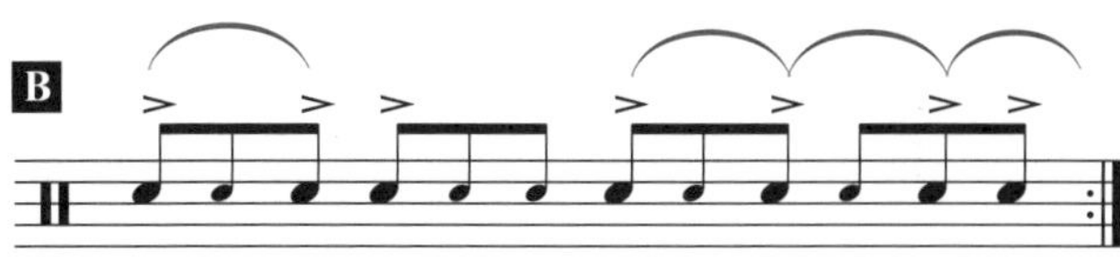

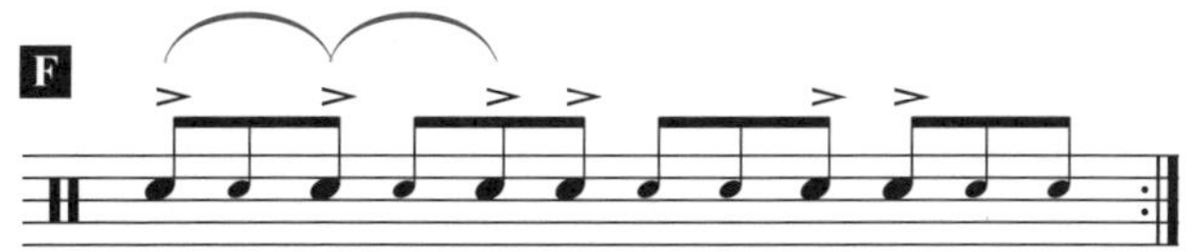

LESSON 31 3(6)연음 악센트의 폴리 리듬

연습 1

연습 1, 2는 표기법만 다를 뿐 같은 악보이다.

연습 2

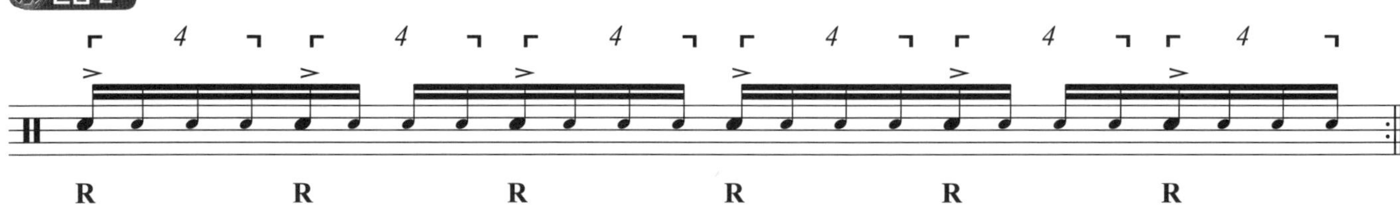

연습 3

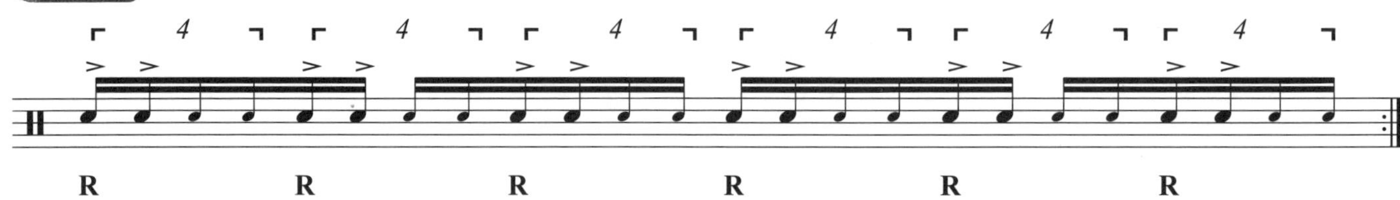

연습 4

연습 5

PART 4

셋잇단음표(3연음, 6연음)

Pumpkin's Drum RUDIMENT

LESSON 1 8(16)분음표 + 셋잇단음표

메트로놈과 함께 정확하게 리듬을 쪼갤 수 있도록 연습하자.

♩= 70 ~ 160

3연음 부분은 스스로 틀리는지 깨닫지 못하는 경우가 많다.
가능하다면 레슨을 받으면서 코치를 받는 것이 좋다.

펌킨스 Tip!

스마트폰 어플 중 Metronomerous-Pro Metronome을 사용하면 위 예제들을 직접 세팅해서 들을 수 있다.
초보자들은 적극 활용하길 권장한다.

LESSON 2

4연음 계열 + 3연음 리듬 변화

❶ 3연음과 4연음이 언제 어디서나 완벽하게 따로 계산되어 나올 수 있도록 연습하자.

연습 1

연습 2

연습 3

연습 4

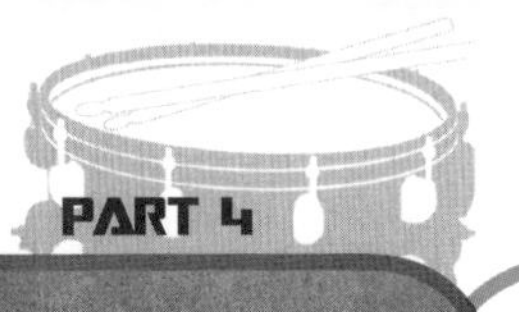

LESSON 3 4연음과 3연음의 완벽한 구별 연습

❗ 완전히 따로 계산해서 칠 수 있도록 하자. 메트로놈 필수!

♩ = 90 ~ 110

연습 1

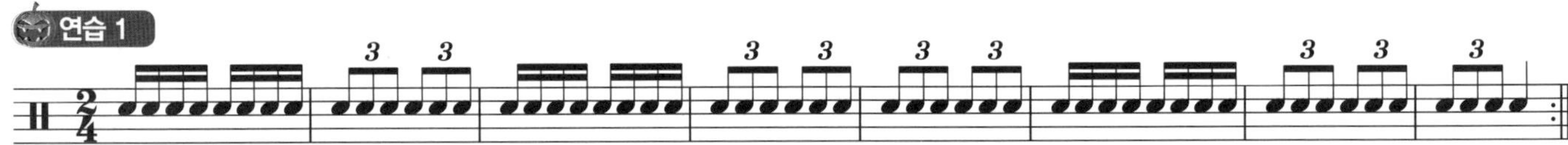

연습 2

연습 3

잠깐! 헛치기를 해야 리듬을 더 정확히 칠 수 있다.

연습 4

연습 5

연습 6

LESSON 4

2박 3연음

❶ 설명을 잘 보면서 천천히 따라 해보자.

연습 1

3 3 3 3
R L R L R L R L R L R L R L R L

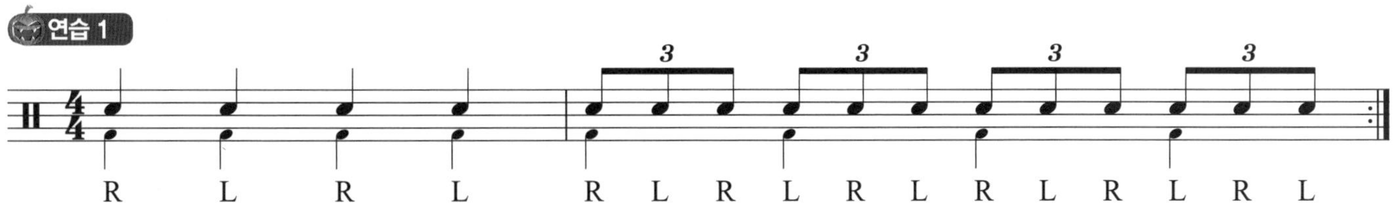

연습 2

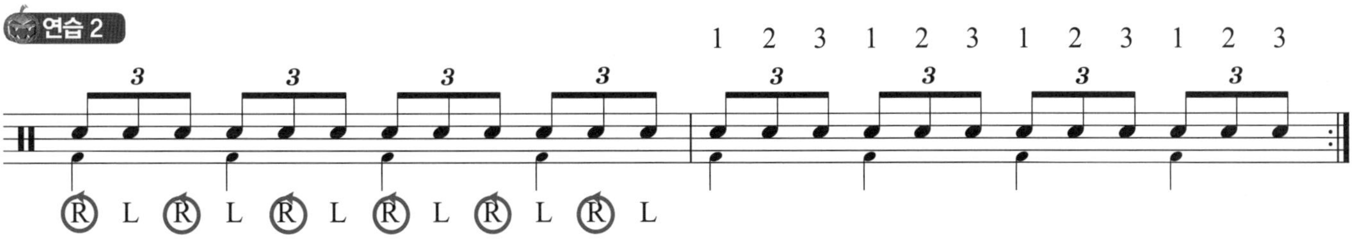
1 2 3 1 2 3 1 2 3 1 2 3
3 3 3 3 3 3 3 3
R L R L R L R L R L R L

연습 2의 오른손 부분만 남겨서 치면 연습 3의 2박 3연음이 된다.

연습 3 2박 3연음

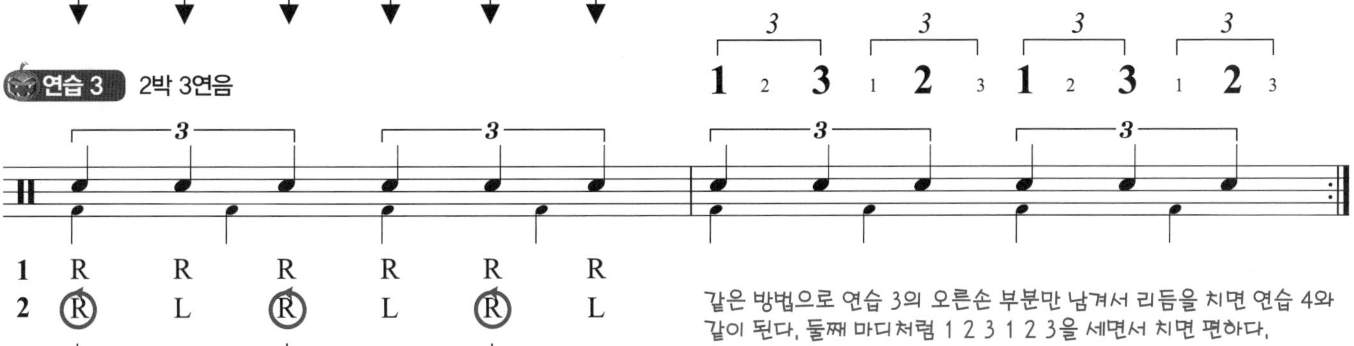
3 3 3 3
1 2 3 1 2 3 1 2 3 1 2 3
3 3 3 3
1 R R R R R R
2 R L R L R L

같은 방법으로 연습 3의 오른손 부분만 남겨서 리듬을 치면 연습 4와 같이 된다. 둘째 마디처럼 1 2 3 1 2 3을 세면서 치면 편하다.

연습 4

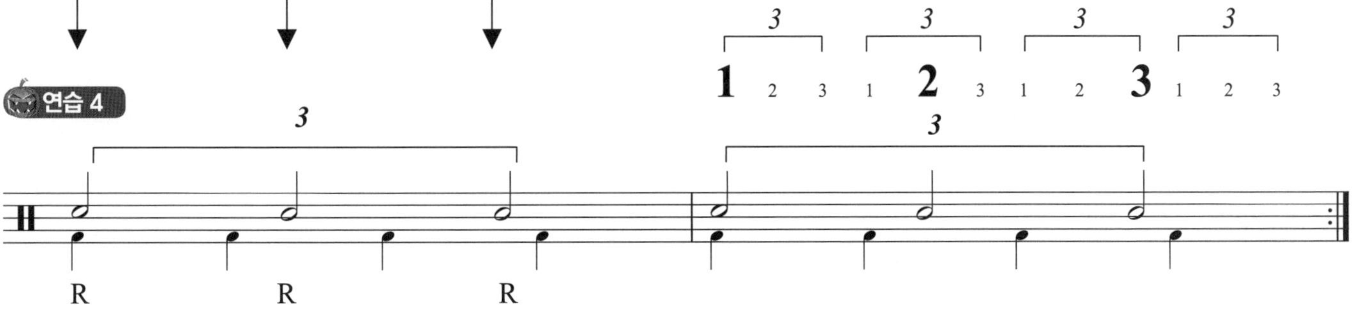
3 3 3 3
1 2 3 1 2 3 1 2 3 1 2 3
3 3
R R R

연습 3 = 6 : 4 = 4박(베이스)에 스네어는 한마디에 6개(6연음)-두 박씩 끊어서 봤을 때 흔히 2박 3연음이라고 부른다.

연습 4 = 3 : 4 = 4박(베이스)에 스네어는 한마디에 3개(3연음)

LESSON 5

2박 3연음 연습

❗ 위 아래 악보를 비교하면서 연습하면 훨씬 쉽게 연주할 수 있다.

연습 1과 연습 1'는 실제로 같은 악보이다.

넷째마디 둘째박까지가 3연음이다.
(두번째 2분음표는 원칙상으로는 붙임줄을 이용하여 다음마디 첫박과 연결해야 하나 편의상 2분음표로 표기하였다. 연습 2' 악보 참고)

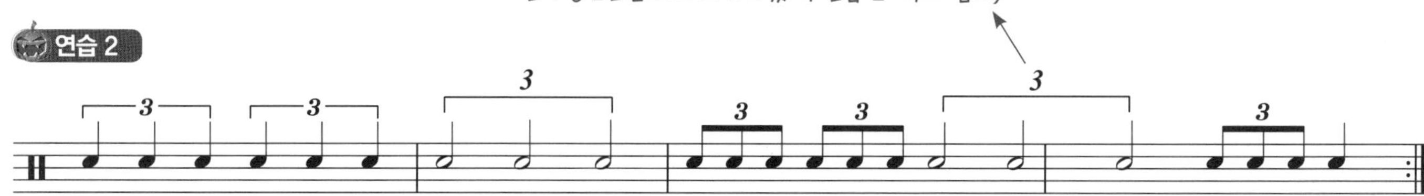

넷째마디 첫박까지가 3연음이다.
(마지막 2분음표는 원칙상으로는 붙임줄을 이용하여 다음마디 첫박과 연결해야 하나 편의상 2분음표로 표기하였다. 연습 3' 참고)

LESSON 6

응용연습

❗ 빨리 치는 것보다 정확하게 치는 것이 중요하다. 충분히 계산할 수 있는 느린 속도부터 시작하자.

♩= 80 ~ 120

연습 1

연습 2

연습 3

RLRL LR L RLR L L L RLRL

연습 4

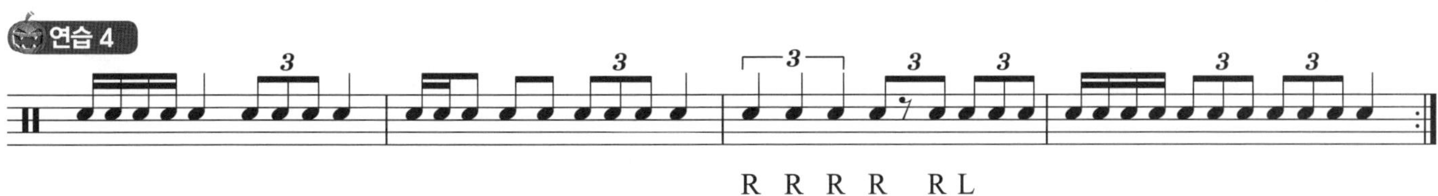

R R R R RL

연습 5

연습 6

R L L L R L L L LRL RLR LRL

연습 7

LESSON 7 응용연습

♩= 100 ~ 130

연습 1

연습 2

연습 3

연습 4

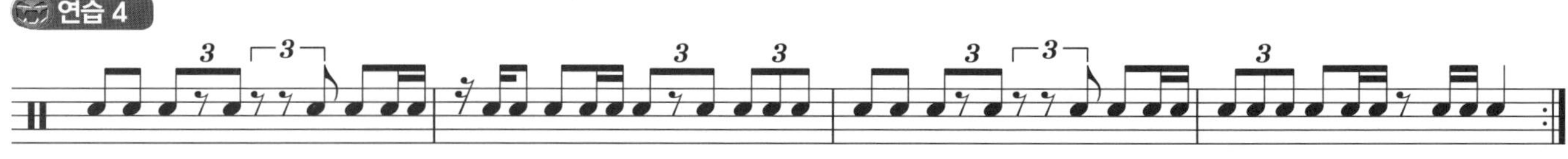

연습 5

연습 6

연습 7

LESSON 

6연음 기본 연습 및 트레이닝

❶ 한 박을 6개로 쪼개어 놓은 6연음 연습이다. 각 박에 첫 음표가 정확하게 떨어지도록 하고 속도를 최대한 끌어 올리자.

♩= 최소 120을 목표로

연습 1

R L R L R L

첫박에 악센트가 생기지 않도록 주의하자.
단, 초보자들은 6개씩 치는 것이 헷갈릴 수 있으므로 악센트를 넣어가며 감을 잡는 것도 한 가지 방법이다.

연습 2

연습 3

연습 4

연습 5

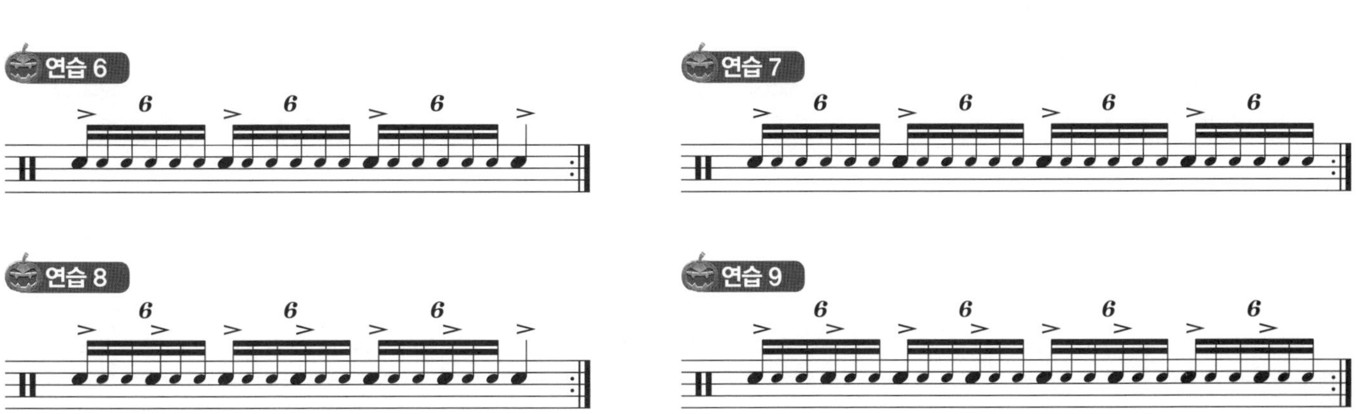

LESSON 9

8(16)분음표 + 6연음

❗ 메트로놈과 함께 정확하게 연습하도록 하자.

♩= 70 ~ 120

연습 1 리듬이 바뀔 때 첫박을 메트로놈에 정확히 맞추도록 하자.

연습 2

연습 3

연습 4 4연음에서 6연음으로 가는 것보다 6연음에서 4연음으로 가는 것이 더 어렵다. 도돌이 하고 4연음으로 돌아올 때 L 타이밍에 주의하자.

연습 5

연습 6

LESSON 10 4연음 계열 + 3(6)연음 계열

❗ 리듬이 바뀔 때 빨라지거나 늘어지지 않도록 주의하자. 메트로놈 필수!

♩= 70 ~ 120

연습 1

3 3 3 3

6 6 6 6

3 3 3 3

연습 2

3 3 6 6 6 6

연습 3

3 3 6 6

연습 4

각 리듬의 시작은 오른손으로 하는 것이 편하다.

6 6 3 6 6 3

R L R R L R L R L

연습 5

3 6 3 3 6

R L R R R L R R R

연습 6

6 3 3 6 6

LESSON 11 8분음표를 셋잇단 16분음표로 쪼개기

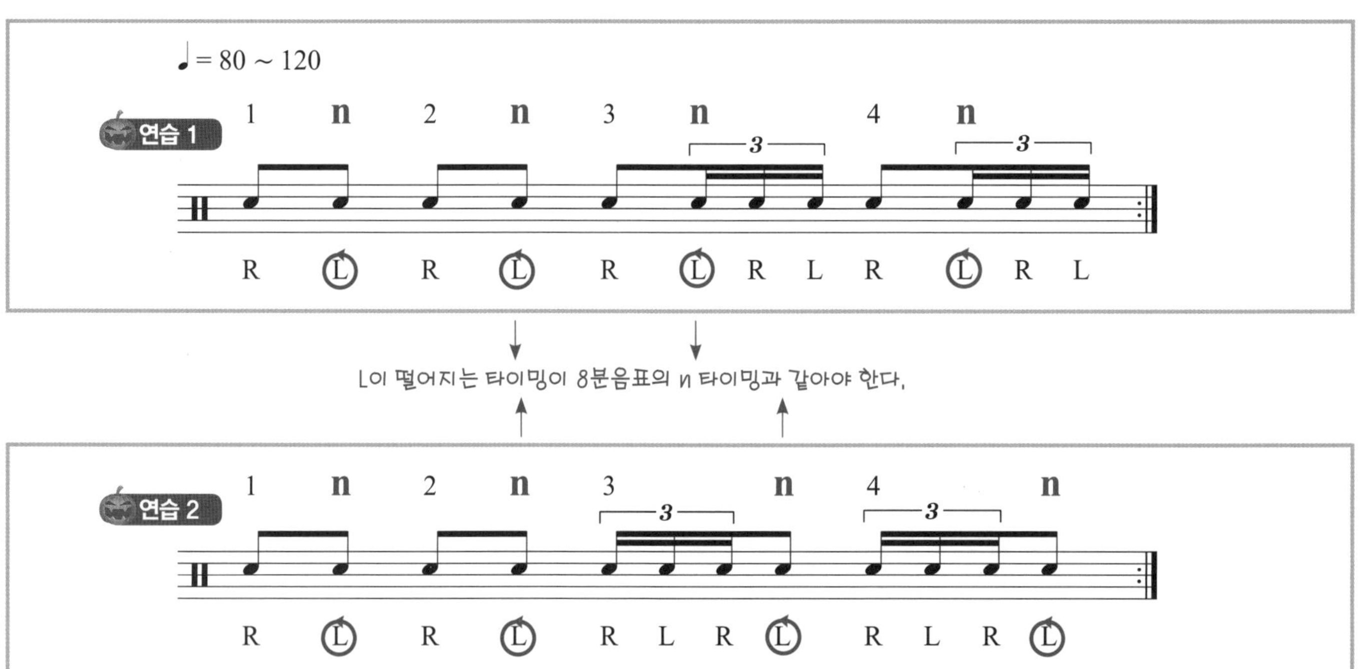

연습 3

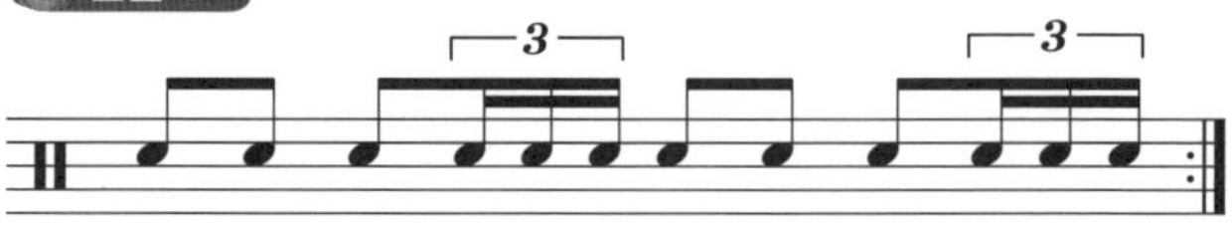

연습 4

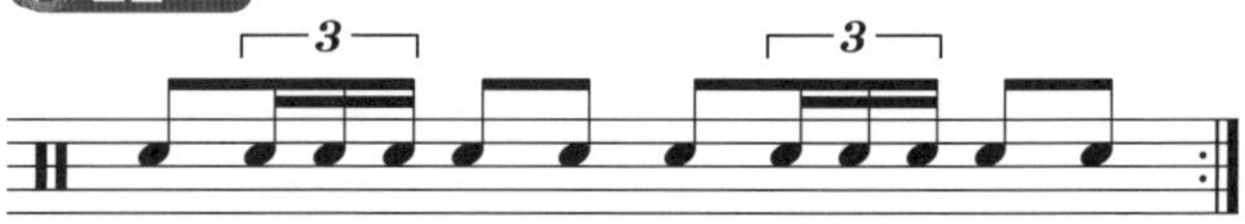

연습 5

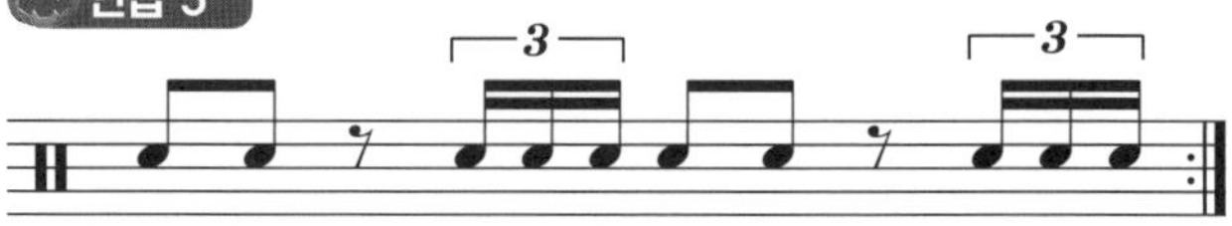

연습 6

L

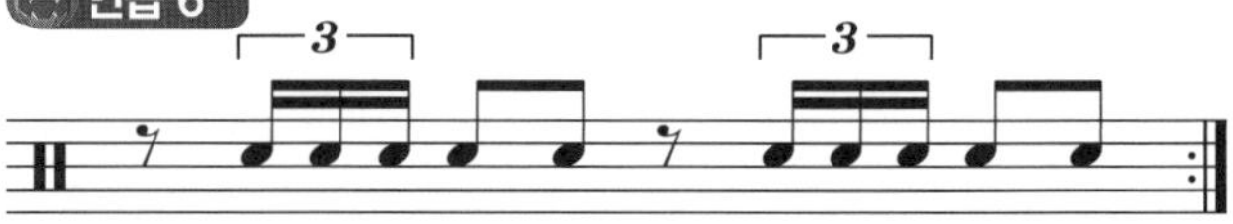

L

연습 7

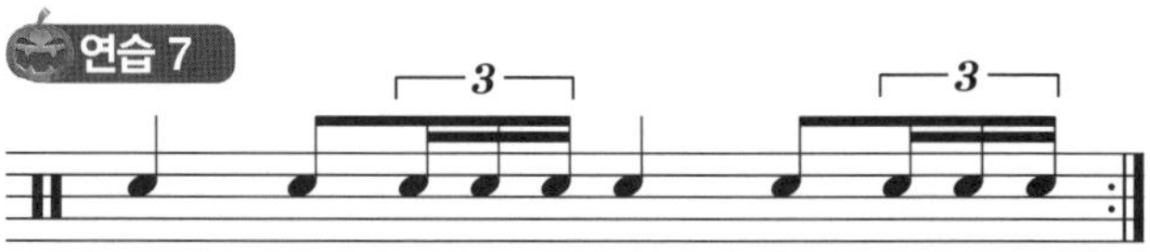

연습 8

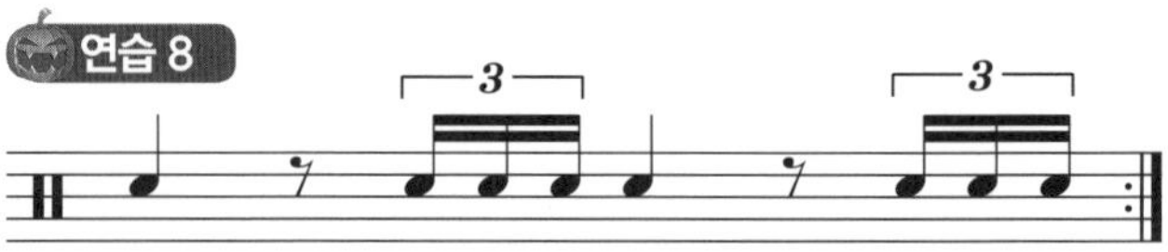

연습 9

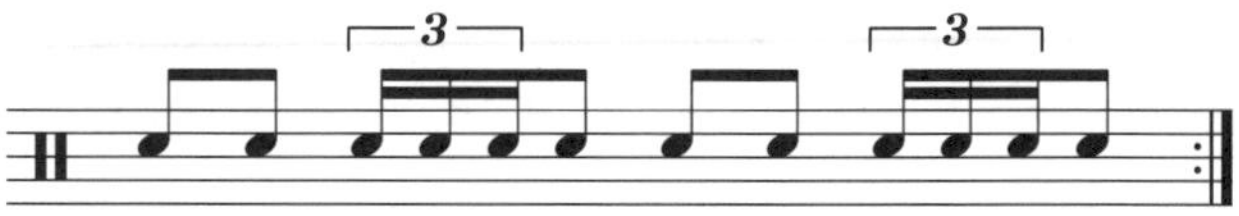

연습 10

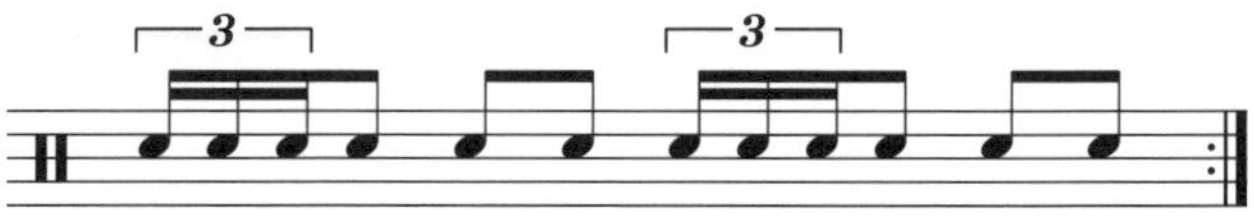

연습 11

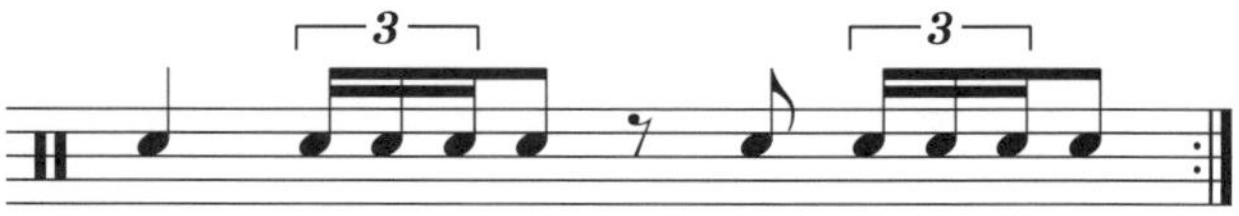

연습 12

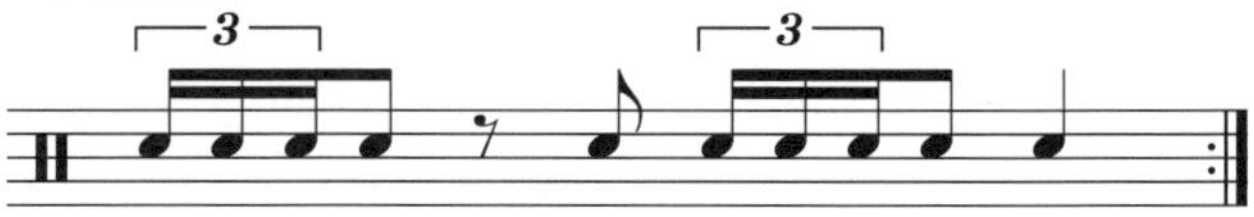

LESSON 12 응용연습

❗ 클래식이나 대중가요 등, 다양한 음악에 쓰이는 리듬이니 잘 익혀두도록 하자.

♩= 80 ~ 120

연습 1

잠깐! 의도하지 않은 엑센트가 생기지 않도록 주의하자,
악보를 외우고 자신의 손모양과 스틱 높이를 체크하자,

연습 5

연습 6

연습 7

연습 8

연습 9

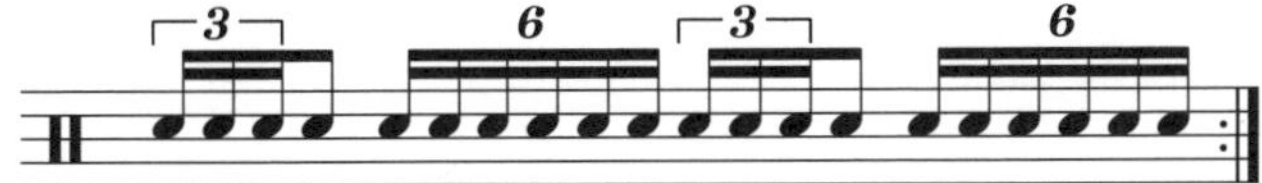

연습 10

연습 11

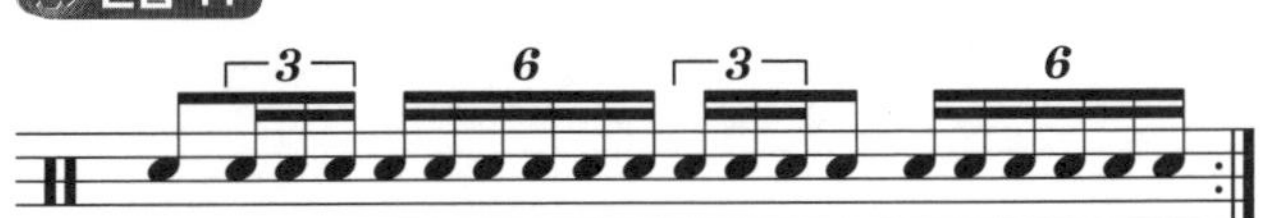

연습 12

LESSON 13 응용연습

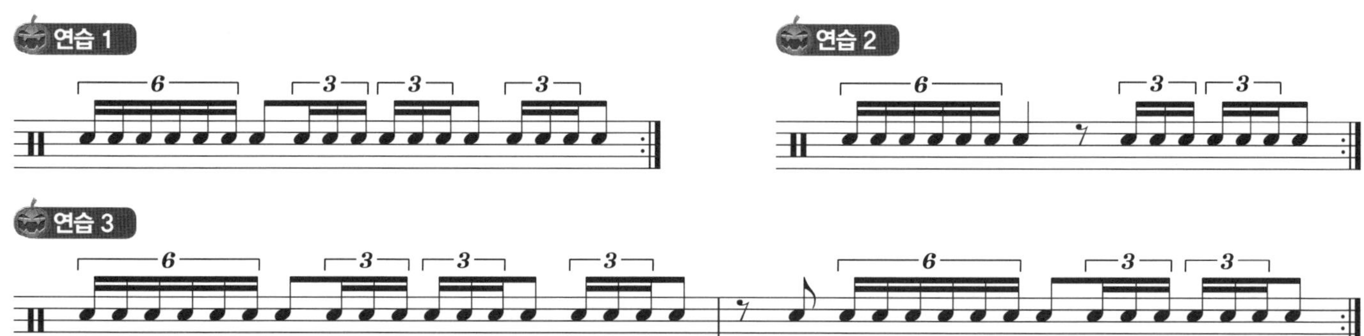

특히나 쉼표가 있는 리듬에는 발박자가 필수이다.

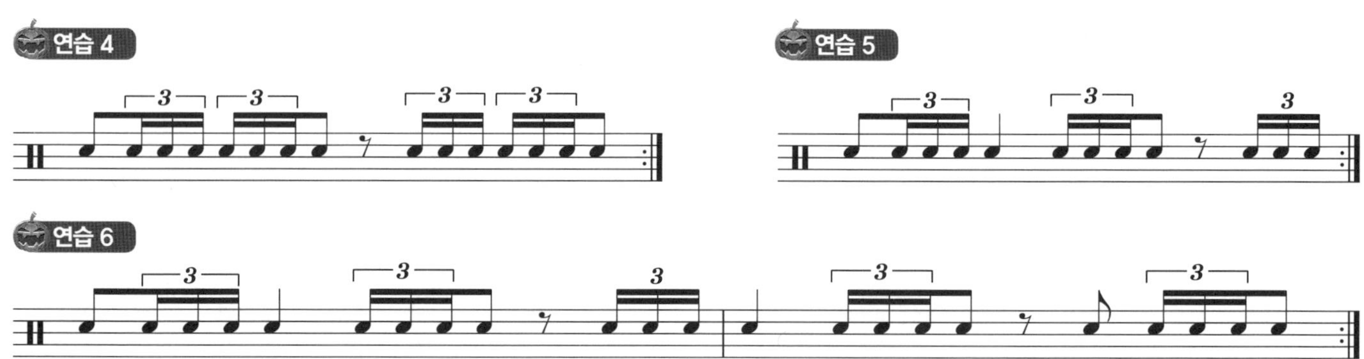

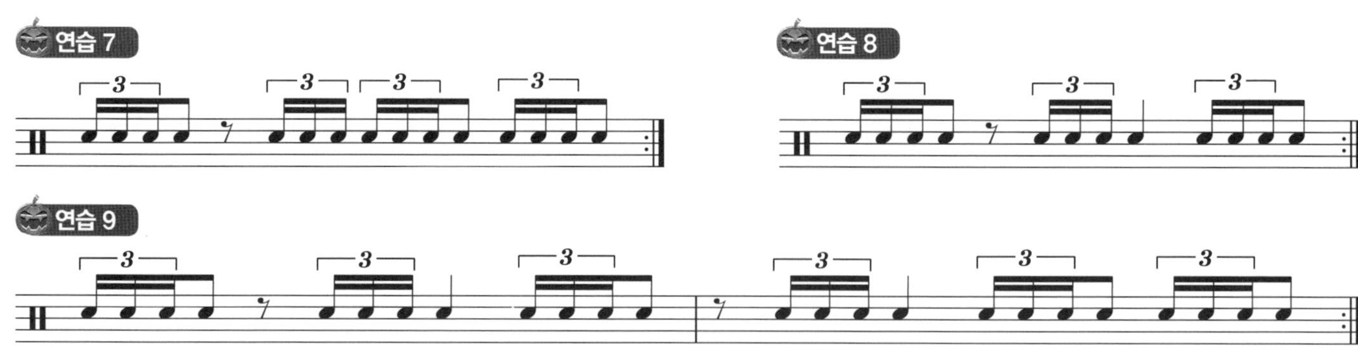

LESSON 14 응용연습

❗ 외워서 항상 연습하도록 하자.

♩= 80 ~ 120

연습 1

연습 2

연습 3

LESSON 15 응용연습

❗ 괄호 안에 1~12까지의 리듬을 넣어서 연습한다.

LESSON 16 응용연습

❗ 괄호 안에 1~12까지의 리듬을 넣어서 연습한다.

연습 1

연습 2

LESSON 17 응용연습

❗ 괄호 안에 1~12까지의 리듬을 넣어서 연습한다.

연습 1

연습 2

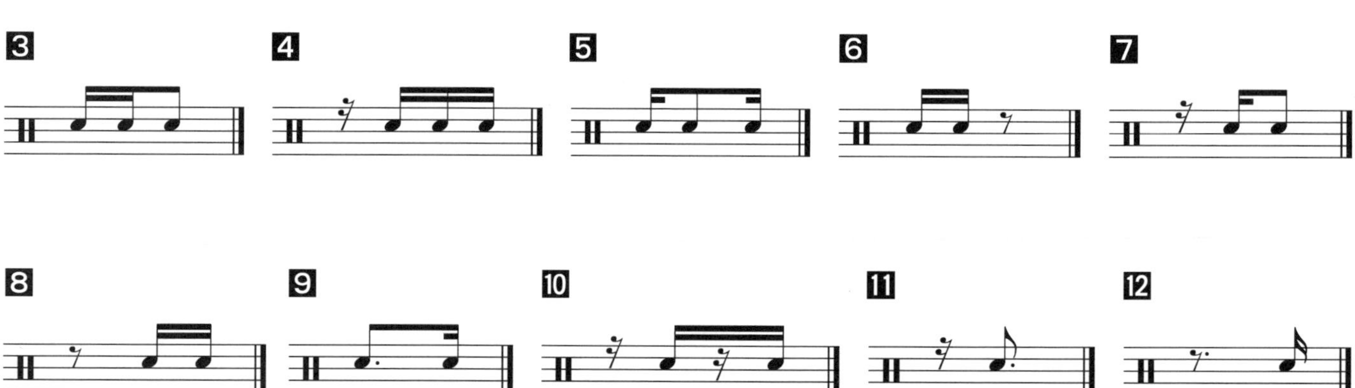

LESSON 18 응용연습

❗ 괄호 안에 1~12까지의 리듬을 넣어서 연습한다.

LESSON 19 응용연습

❗ 아래 연습은 템포를 많이 올릴 필요는 없다. 실제로 이런 악보들은 셔플이나, 바운스 리듬일 경우가 많다. 2권 참고.

♩= 60 ~ 80

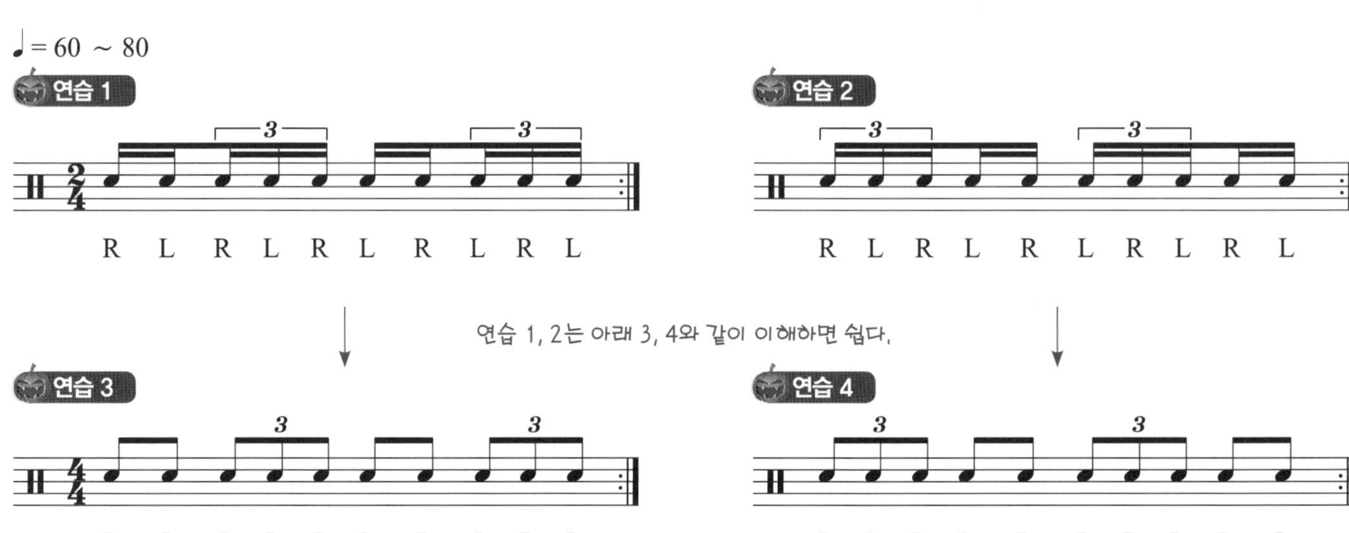

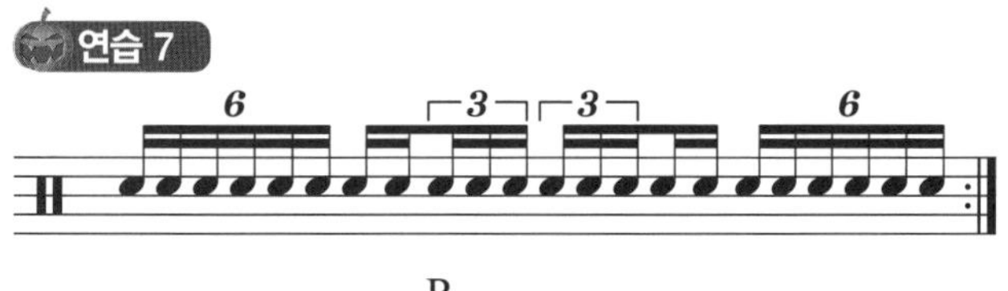

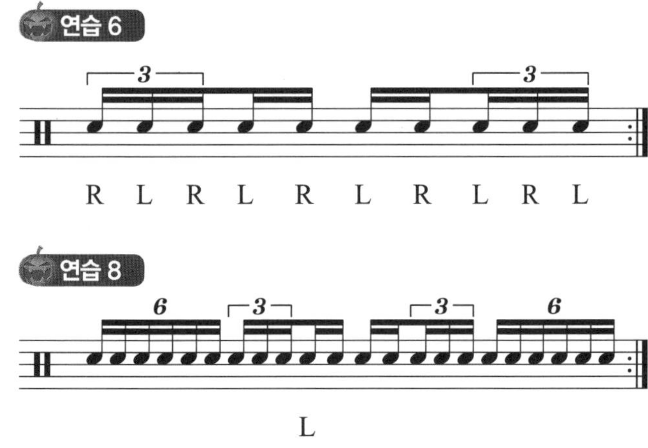

LESSON 20 4마디 스네어 솔로

♩= 100 ~ 120

연습 1

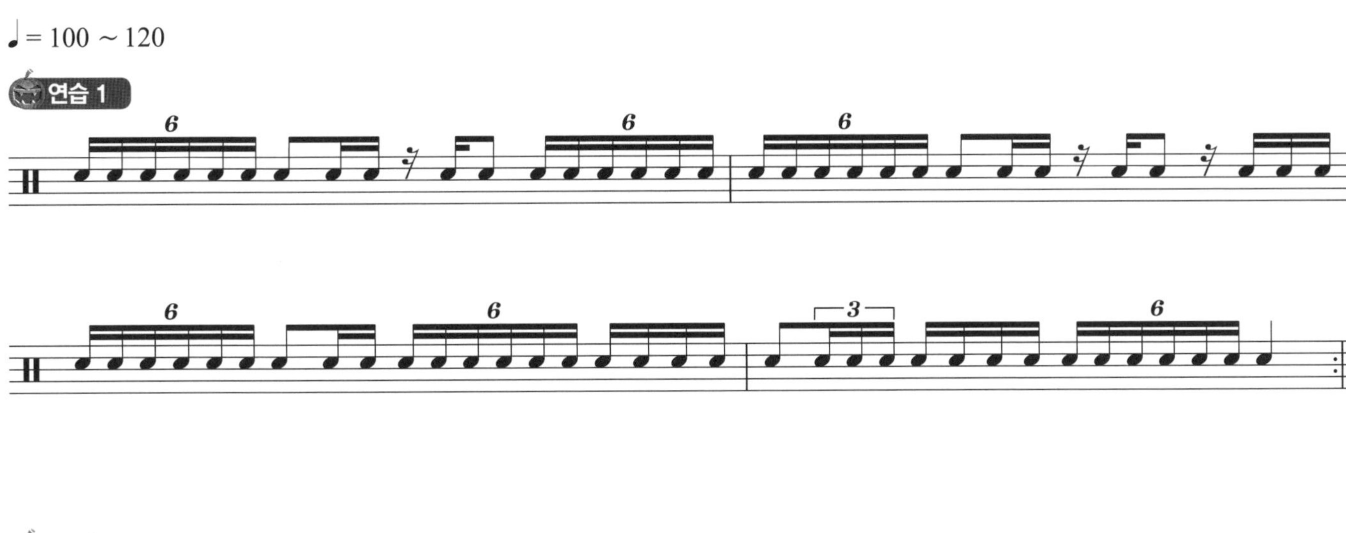

연습 2

연습 3

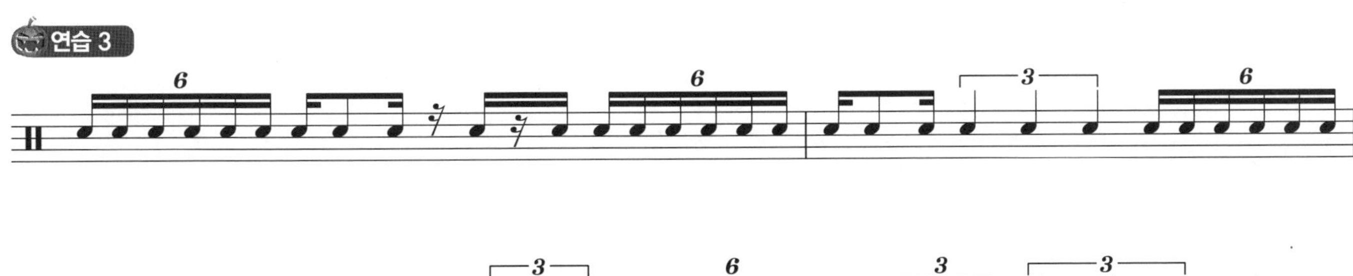

연습 4

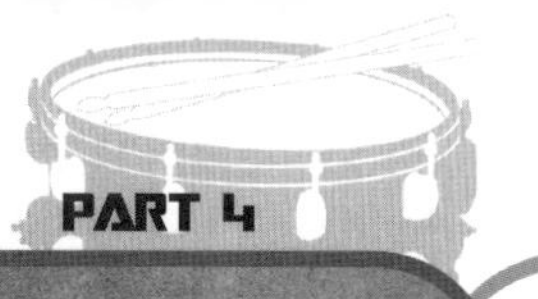

LESSON 21 4마디 스네어 솔로

연습 1

3 3 3 6

3 3 3 3

연습 2

3 3 3 3 3 3

3 6 3 3 3

연습 3

3 3 3

3 3 3 3

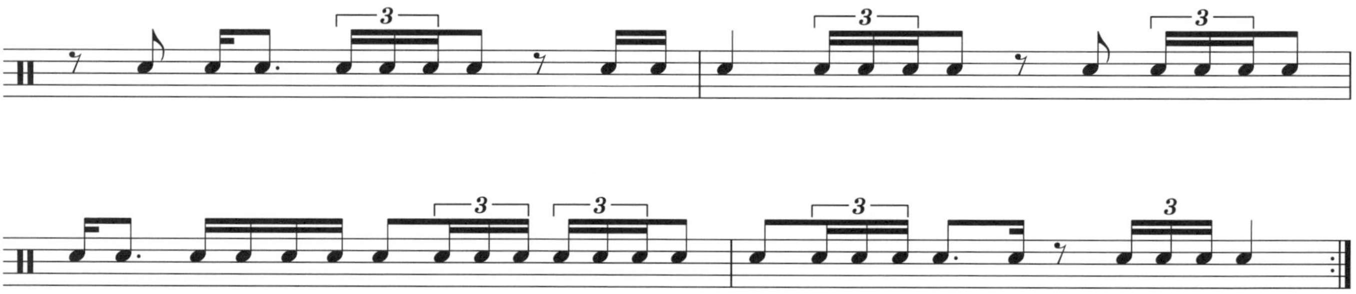

연습 4

3 3 3 3

3 3 3 3 3

LESSON 22 4마디 스네어 솔로

♩= 70 ~ 90

연습 1

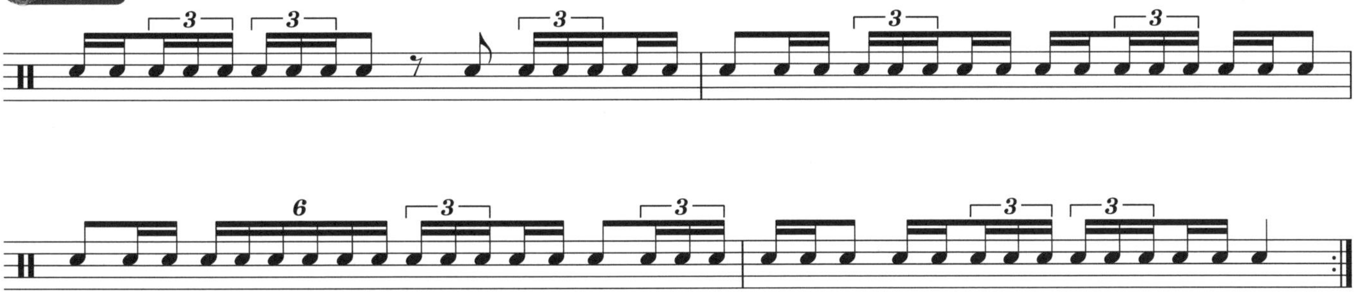

연습 2

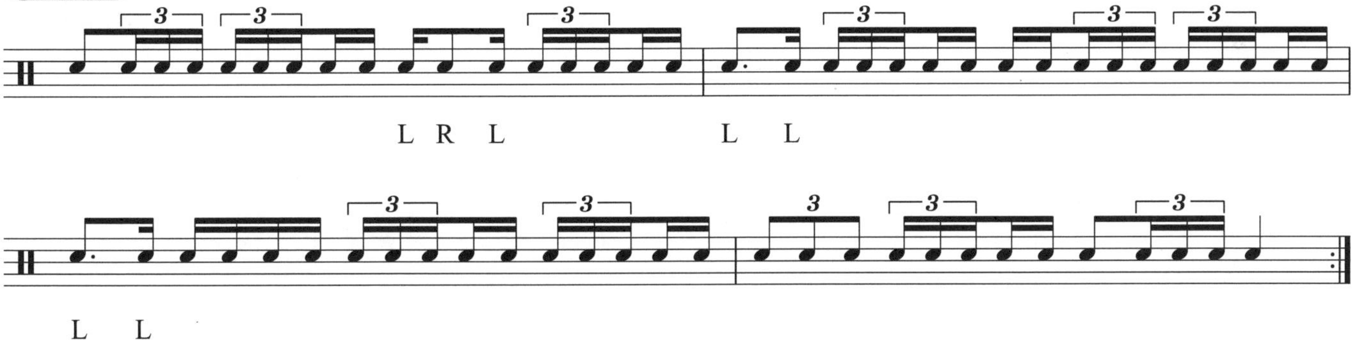

L R L L L

L L

연습 3

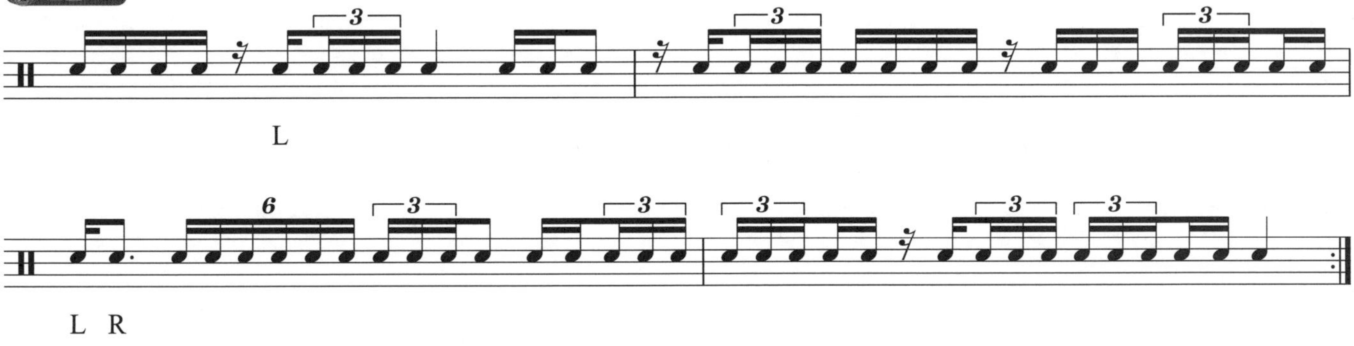

L

L R

연습 4

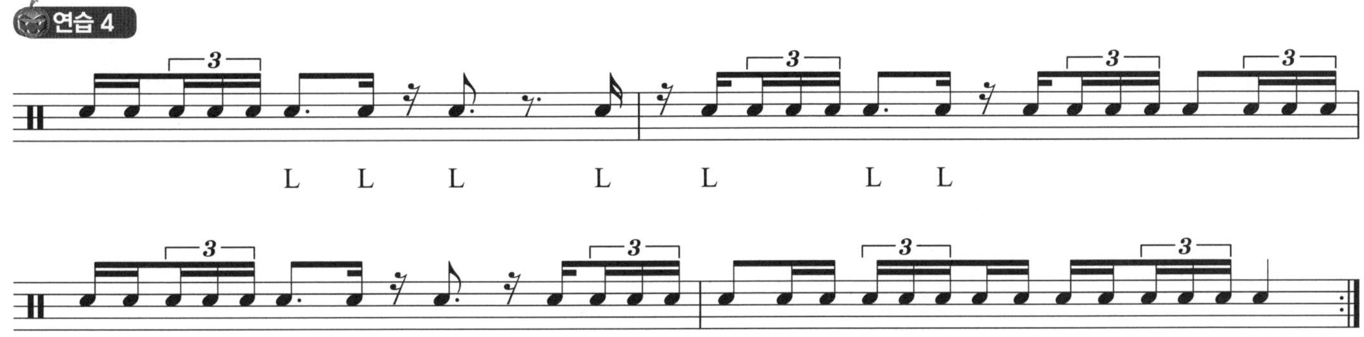

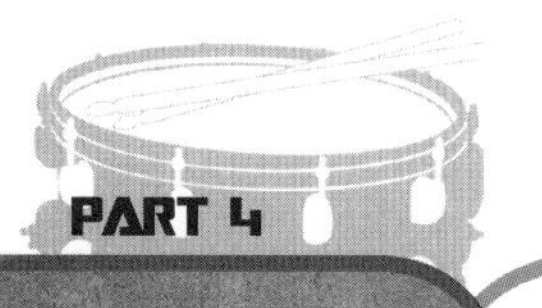

LESSON 23 4마디 스네어 솔로

♩= 80 ~ 100

연습 1

연습 2

연습 3

연습 4

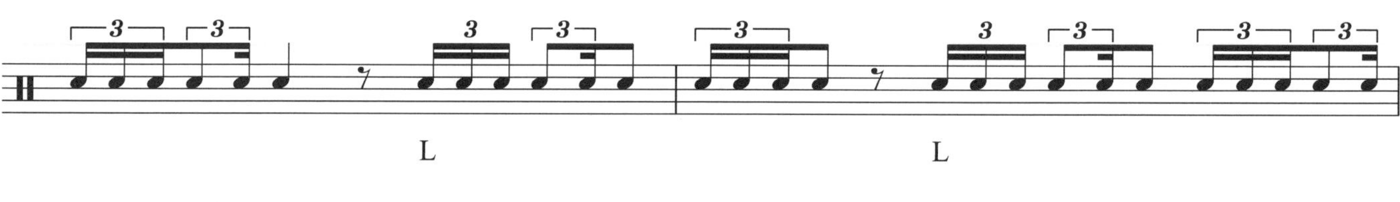

LESSON 24 4마디 스네어 솔로

연습 1

3 3 3 3 6 3 3 3 3 3 3 6

R

3 3 3 3 3 3 3 3 3 3 3

연습 2

3 3 3 3 6 3

3 3 3 3 3 6 3

연습 3

6 3 3 6 3 3

L R L L R

3 3 3 6 6

연습 4

3 3 3 3 3 3 3 3

L L L R L L R

3 3 3 3 3 3 3 3 3 3

LESSON 25 6연음 악센트

❗ 3연음 악센트를 마스터 했다면 쉽게 해 낼 수 있다.

♩ = 최소100 이상

연습 1

연습 2

연습 3

연습 4

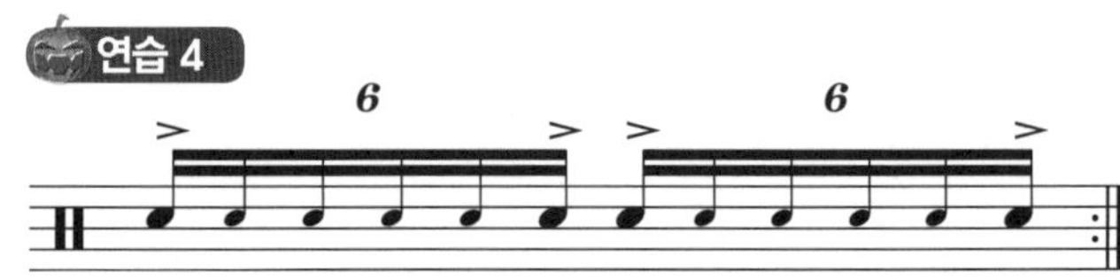

연습 5

연습 6

연습 7

연습 8

연습 9

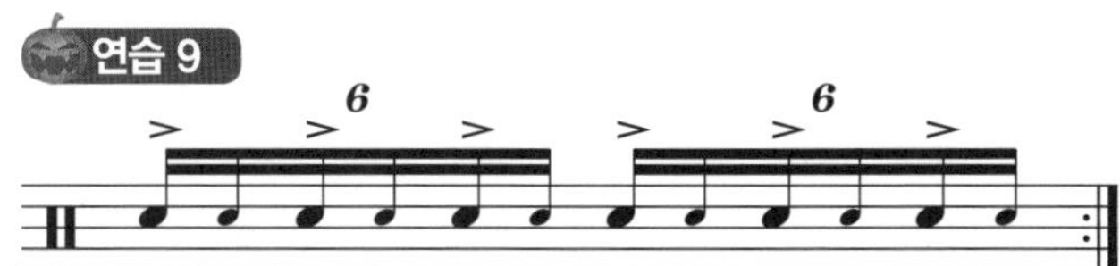

연습 10

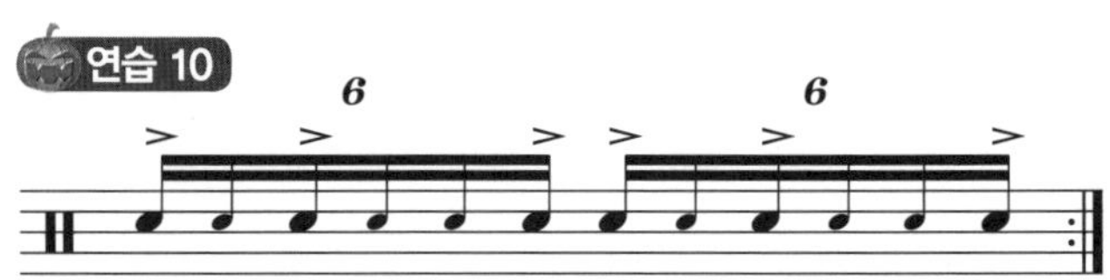

연습 11

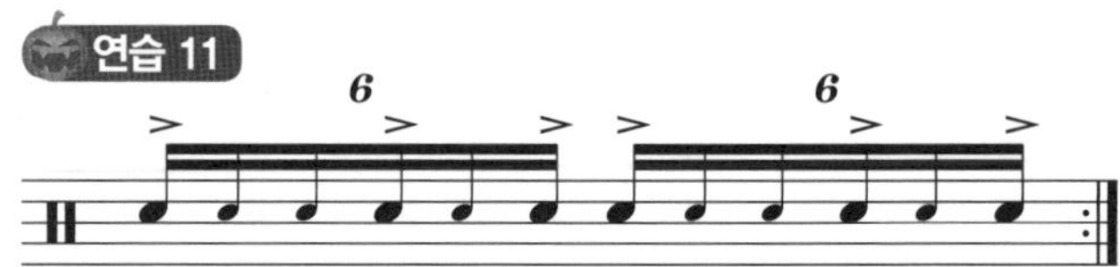

연습 12

연습 13

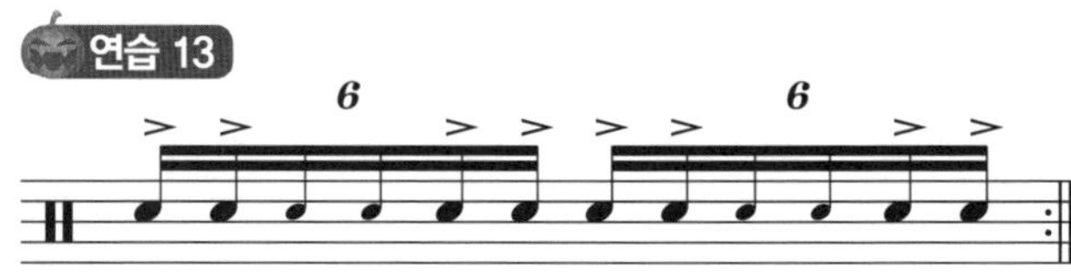

연습 14

LESSON 26 응용연습

연습 1

연습 2

연습 4

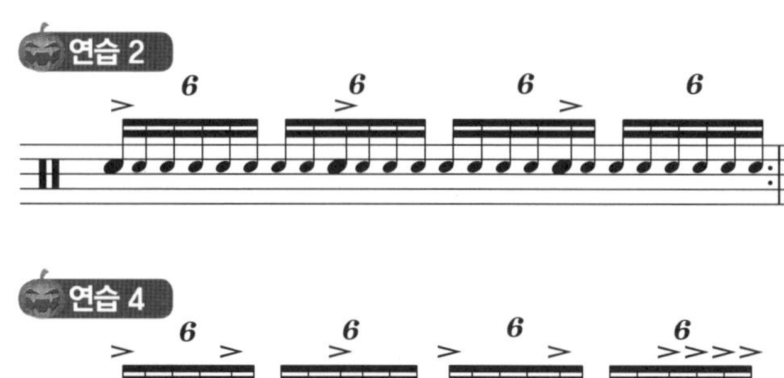

연습 3

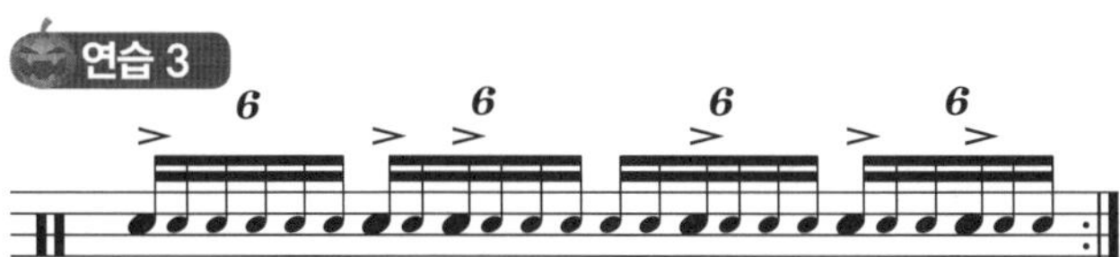

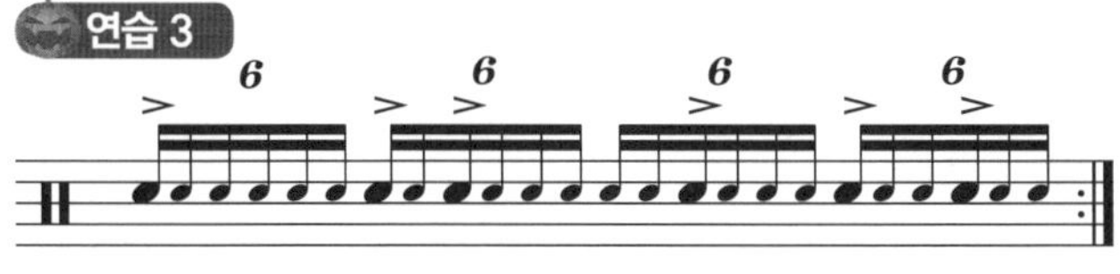

연습 5

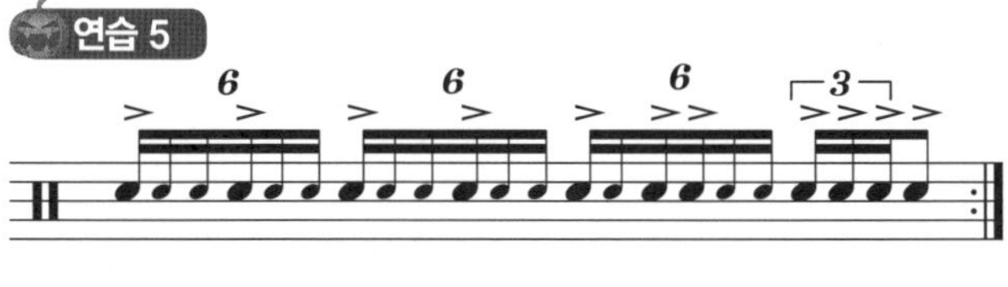

연습 7

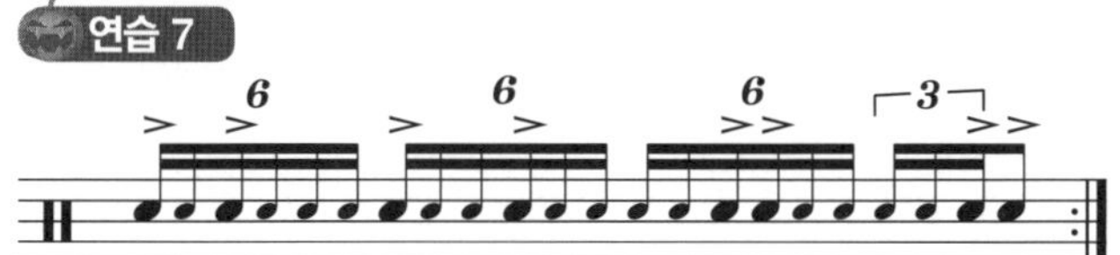

연습 6

연습 8

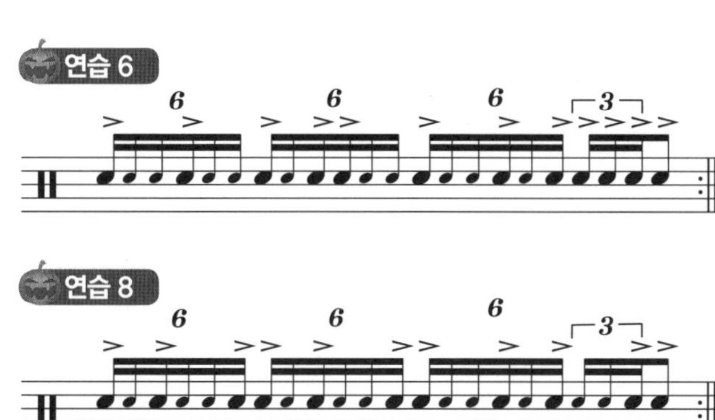

연습 9

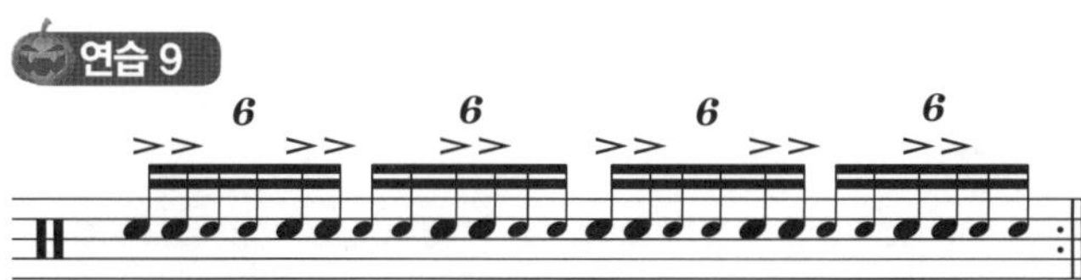

연습 11

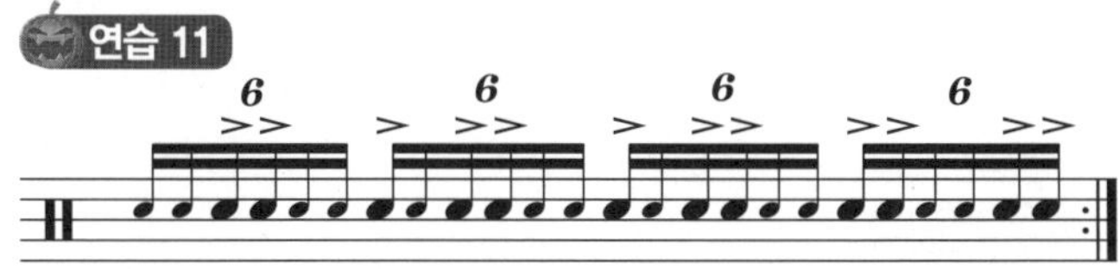

연습 10

연습 12

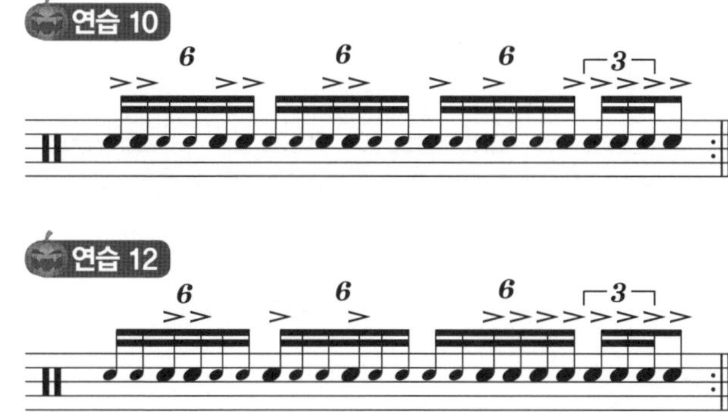

연습 13

연습 15

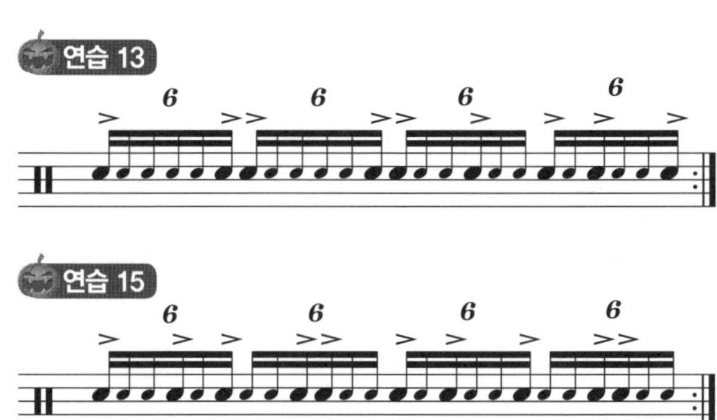

연습 14

연습 16

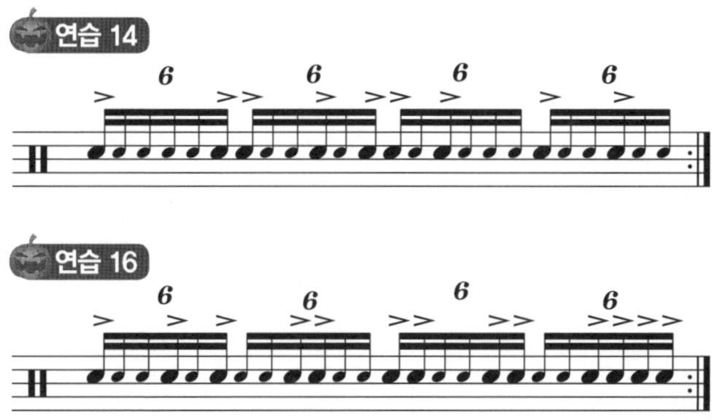

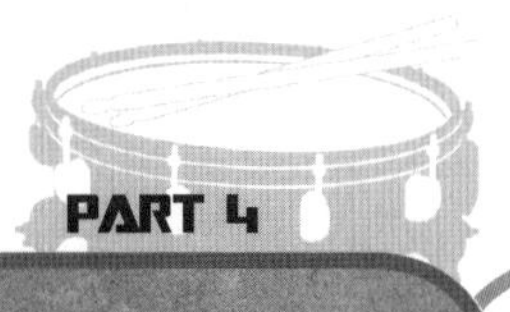

LESSON 27

4연음 악센트 + 6연음 악센트

♩= 80 ~ 100

연습 1

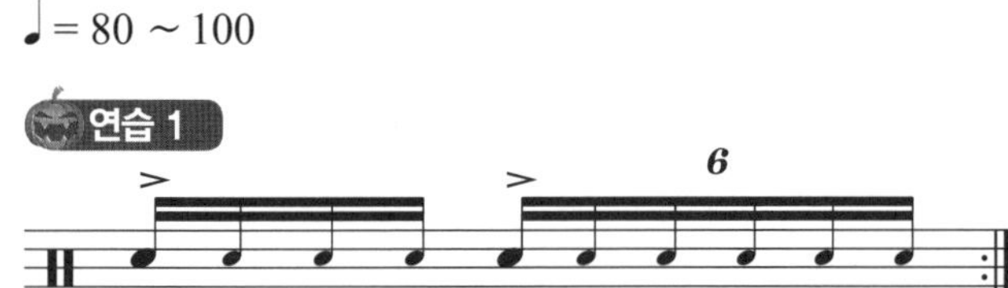

연습 2

연습 3

연습 4

연습 5

연습 6

연습 7

연습 8

연습 9

연습 10

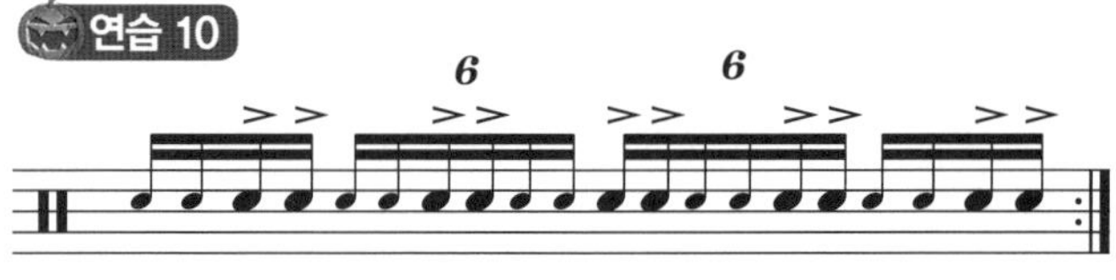

연습 11

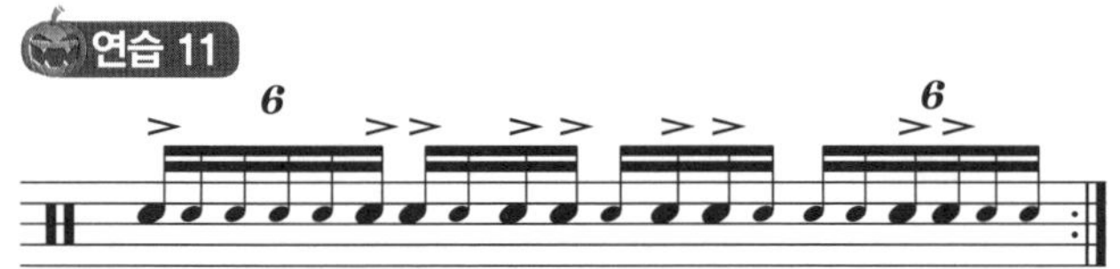

연습 12

LESSON 28 응용연습

♩= 100 ~ 120

연습 1

연습 2

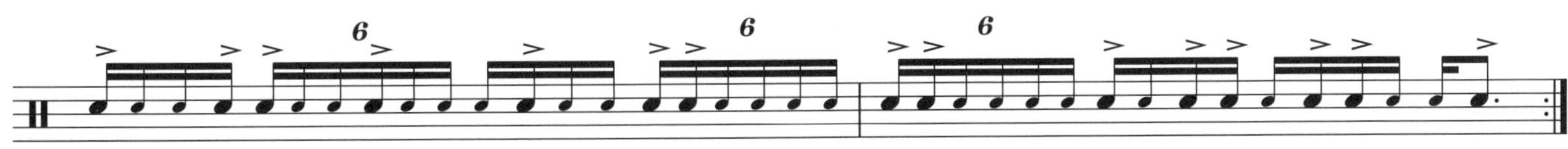

연습 3

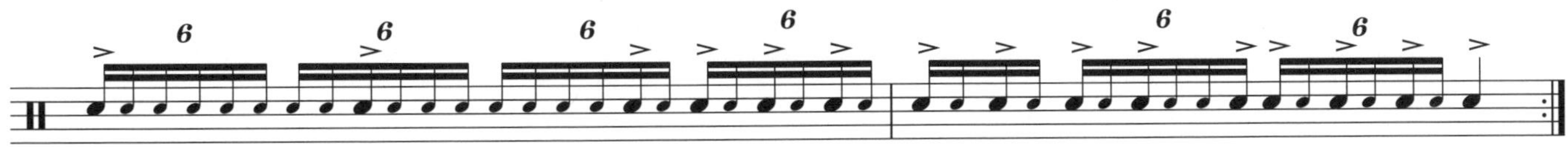

연습 4

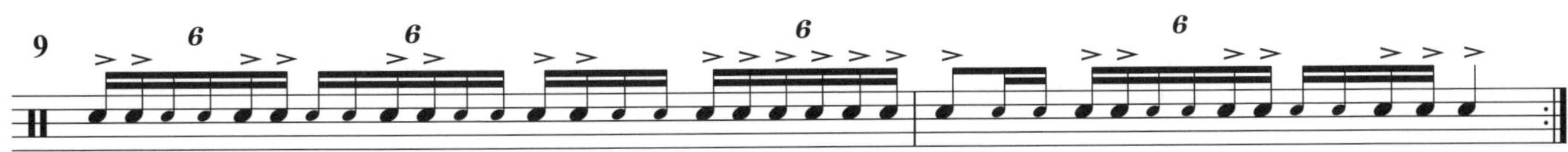

LESSON 29 응용연습

♩= 80 ~ 100

연습 1

연습 2

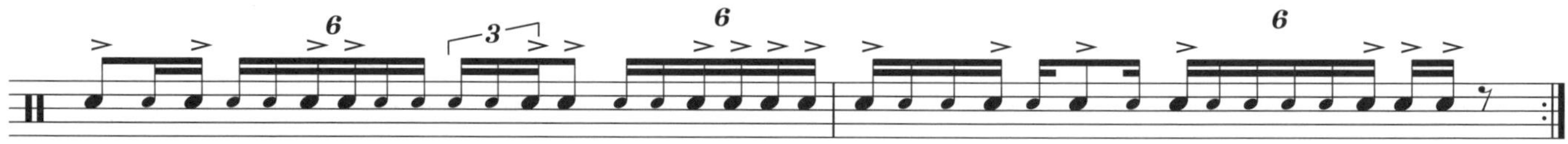

연습 3

♩= 70 ~ 90

연습 4

R L R L R

L R L R L

LESSON 30 3연음 안의 3연음

❗ 3연음 안에서도 다시 3연음으로 쪼개어 연주할 수 있다.

♩. = 60 ~ 85

연습 1

1 R L R L R L R L R L R LRL

2 R R R R R R R R R R R LRL

연습 2

R L R L R L R L R L RLRL

R R R R R R R R R R LRLR

연습 3

R L R L R L R L R LRLR L

R R R R R R R R R RLRL R

연습 4

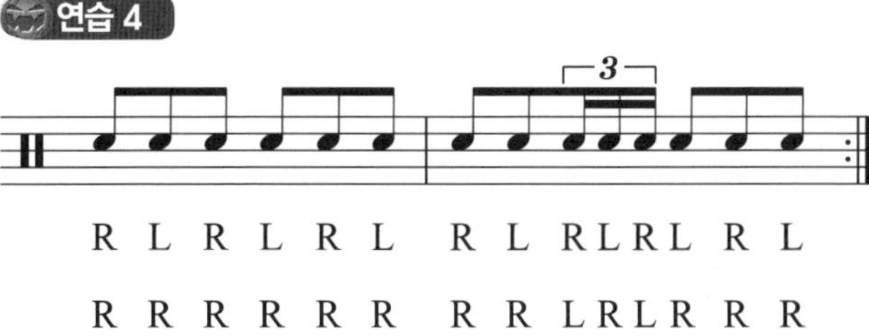

R L R L R L R L RLRL R L

R R R R R R R R LRLR R R

연습 5

R L R L R L R LRLR L R L

R R R R R R R LRLR R R R

연습 6

R L R L R L RLRL R L R L

R R R R R R RLRL R R R R

연습 7

R L R L R L R L R L

R R L R L R R L R L

연습 8

R L R L R L R L R L

R L R L R R L R L R

연습 9

R L R L R L R L R L

R L R L R R L R L R

LESSON 31 응용연습

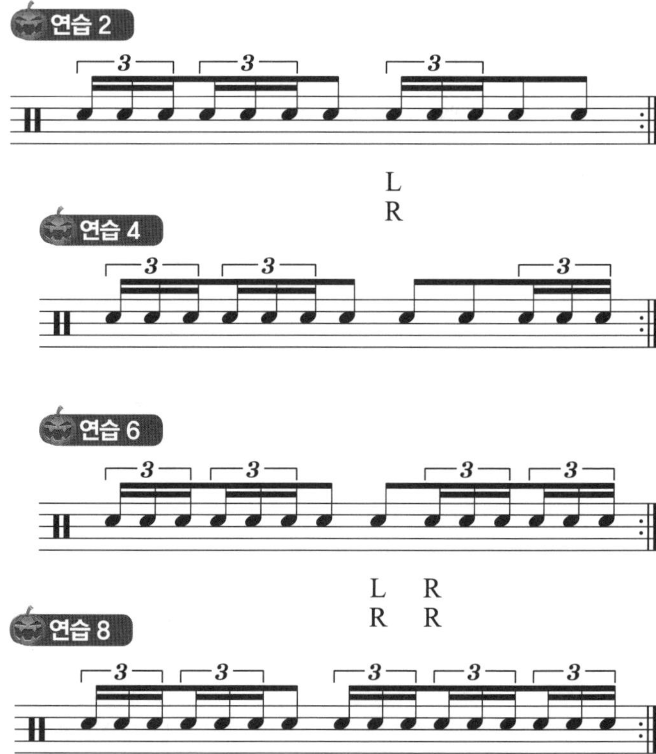

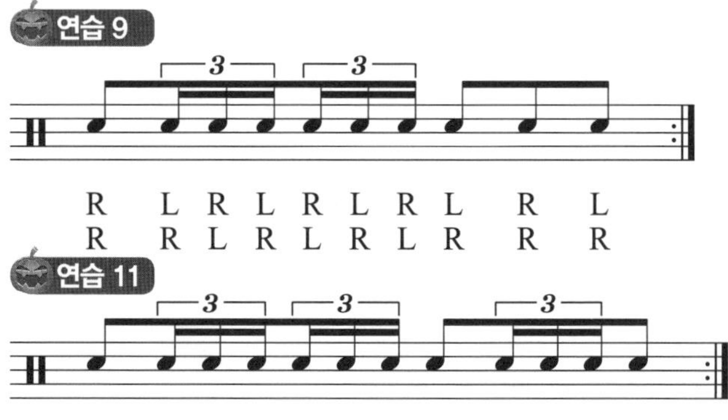

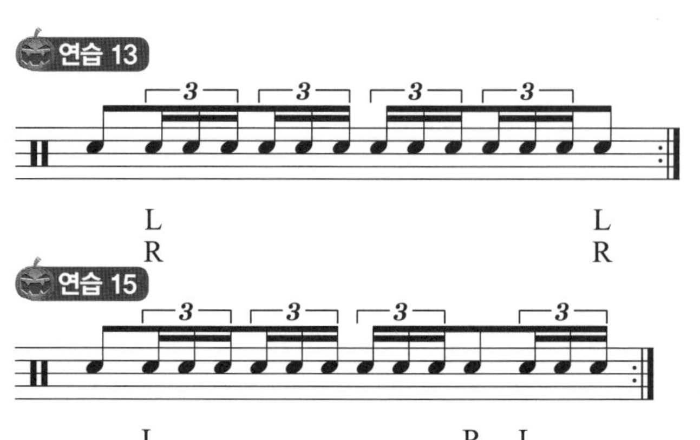

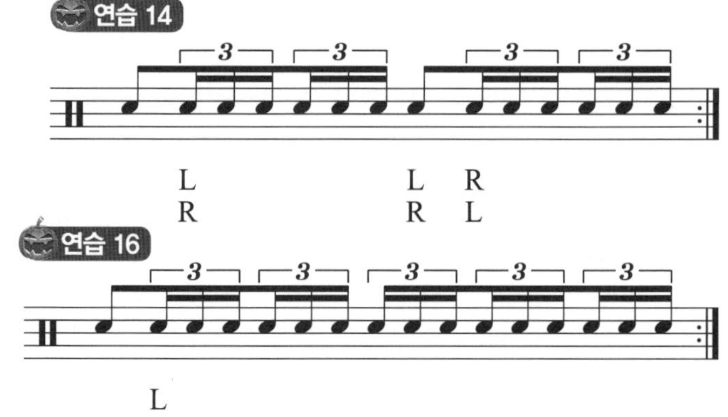

LESSON 32 응용연습

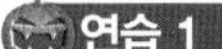 연습 1

연습 2

연습 3

연습 4

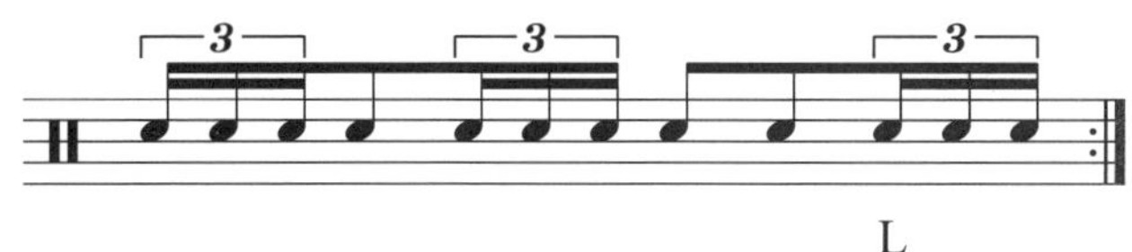

연습 5

연습 6

연습 7

R L

연습 8

LESSON 33 8마디 스네어 솔로

❗ 홀수이기 때문에 손 순서는 여러가지 방법으로 가능하다.

♩. = 60 ~ 75

연습 1

연습 2

연습 3

연습 4

PART 5

32분음표

LESSON 1

32분음표 리듬을 위한 얼터네이트 패턴

❶ 아래의 리듬은 기존의 손 순서가 아니라 무조건 R L이 번갈아 나오는 패턴이다. 빠른 32분음표에서는 상황에 따라 아래의 방법을 이용하면 좀 더 편하게 연주할 수 있다.

얼터네이트 패턴은 처음 연습하면 굉장히 헷갈리기 마련이다.
자신이 안정적으로 칠 수 있는 느린 템포부터 시작하여 최소 160이상으로 올리자.

펌킨스 Tip! 위 연습들은 아래와 같이 원래 손 순서로 한마디 얼터네이트 패턴으로 한마디씩 연습하여 얼터네이트 패턴의 리듬이 틀어지지 않도록 하자.

LESSON 2

자주 사용되는 얼터네이트 패턴

❶ 아래는 세트드럼 필인으로 활용하기 좋은 응용 패턴들이다.

♩= 240을 목표로

잠깐! 악센트 없이 일정 크기의 스트로크가 되게 하자.

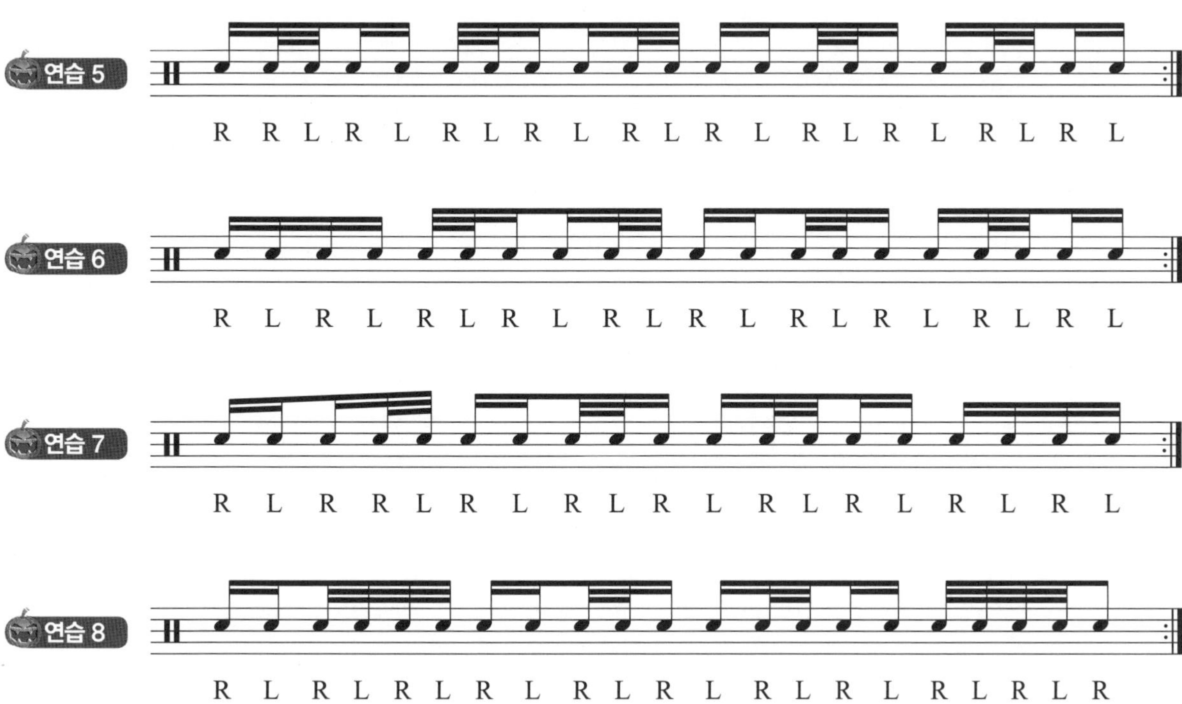

LESSON 3

16분음표 + 32분음표 기본연습

❗ 32분음표도 기본적인 손 순서는 16분음표 단위와 똑같다. 이 페이지에서는 기본 손 순서로 하고 다음 페이지에서는 얼터네이트 패턴으로도 연습해보자.

♩ = 80 ~ 100이상　　32분음표는 기본 100은 나올 수 있도록 속도를 끌어 올리자.

연습 1

R L R L R L R R L

연습 2

R L R L R L R L R L

연습 3

R L R L R R L R L R L

연습 4

R L R L R L R L R L R L

연습 5

R L R R L

연습 6

R L R L R L

펌킨스 Tip!

32분음표 악보가 나왔을 때 어떻게 쳐야할지 감이 오지 않는다면 아래처럼 악보를 바꿔 그려보자.
16분음표는 8분음표로, 32분음표는 16분음표로 바꿔 그려보면 훨씬 이해하기 쉬울것이다.

LESSON 4

응용연습

❗ ◆ 표시가 있는 것은 연습 1의 박스와 같이 얼터네이트 패턴으로도 쳐보자.

◆

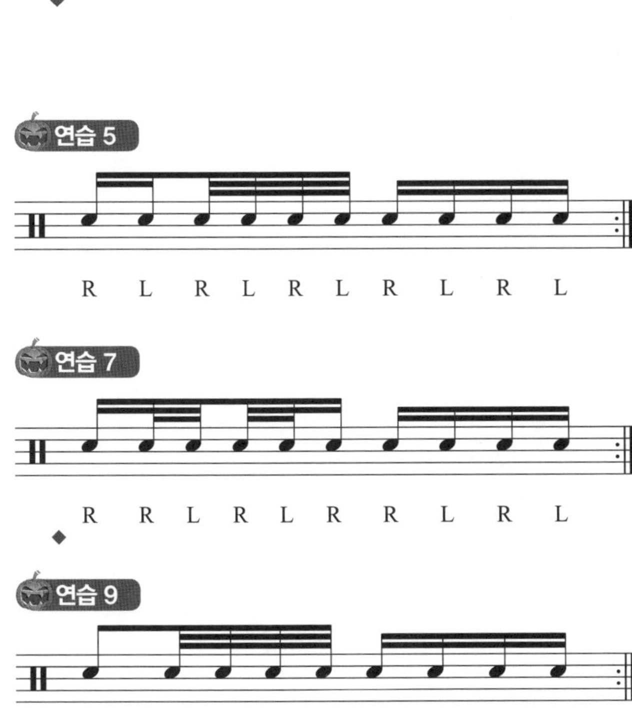

◆

LESSON 5 쉼표를 포함한 32분음표 패턴

❗ 악보를 읽기 힘들다면 LESSON 3의 펌킨스 팁처럼 16분음표는 8분음표로, 32분음표는 16분음표로 바꿔 그려서 이해하도록 하자.

♩= 70 ~ 100까지 다양한 템포로

연습 1

R ○ R L R L R L
딴 읏 - 따 다

연습 2

R L R L R L
딴 읏 - 따 다

빠른 템포의 32분음표는 헛치기를 할 필요는 없지만
느린 템포라면 헛치기를 하면서 리듬을 익히자.

연습 3

R L R L R L R L
따 따 읏 - 따 다

연습 4

R L R L R L R L R L

연습 5

R L R R L R L R L

연습 6

R R L R L R L R L

연습 7

R L R L R L R L

연습 8

R L R R L R L R L

연습 9

R L R L R R L R L

연습 10

R L R L R L R L

연습 11

R L R R L R L

연습 12

R R L R L R L

LESSON 6

응용연습

연습 1

R L R L R L R L

연습 2

R L R L R L R L

연습 3

R L R L R L R L

연습 4

R L R L R L

연습 5

R L R L R L R L R L

연습 6

R L R L R L R L R L

연습 7

R L R L R R L R L

연습 8

R L R R L R L R L

연습 9

R L R R L R L R L

연습 10

R R L R L R L R L

연습 11

R R L R L R L
L

연습 12

R L R L R L R L

LESSON 7 1, 2, 3, 4, 6, 8연음

❗ 리듬이 바뀔 때 음표가 뭉치거나 늘어지지 않도록 주의하자. 메트로놈 필수!

♩= 70 ~ 90　　70이 잘 안된다면 더 느린 템포에서 시작하자.

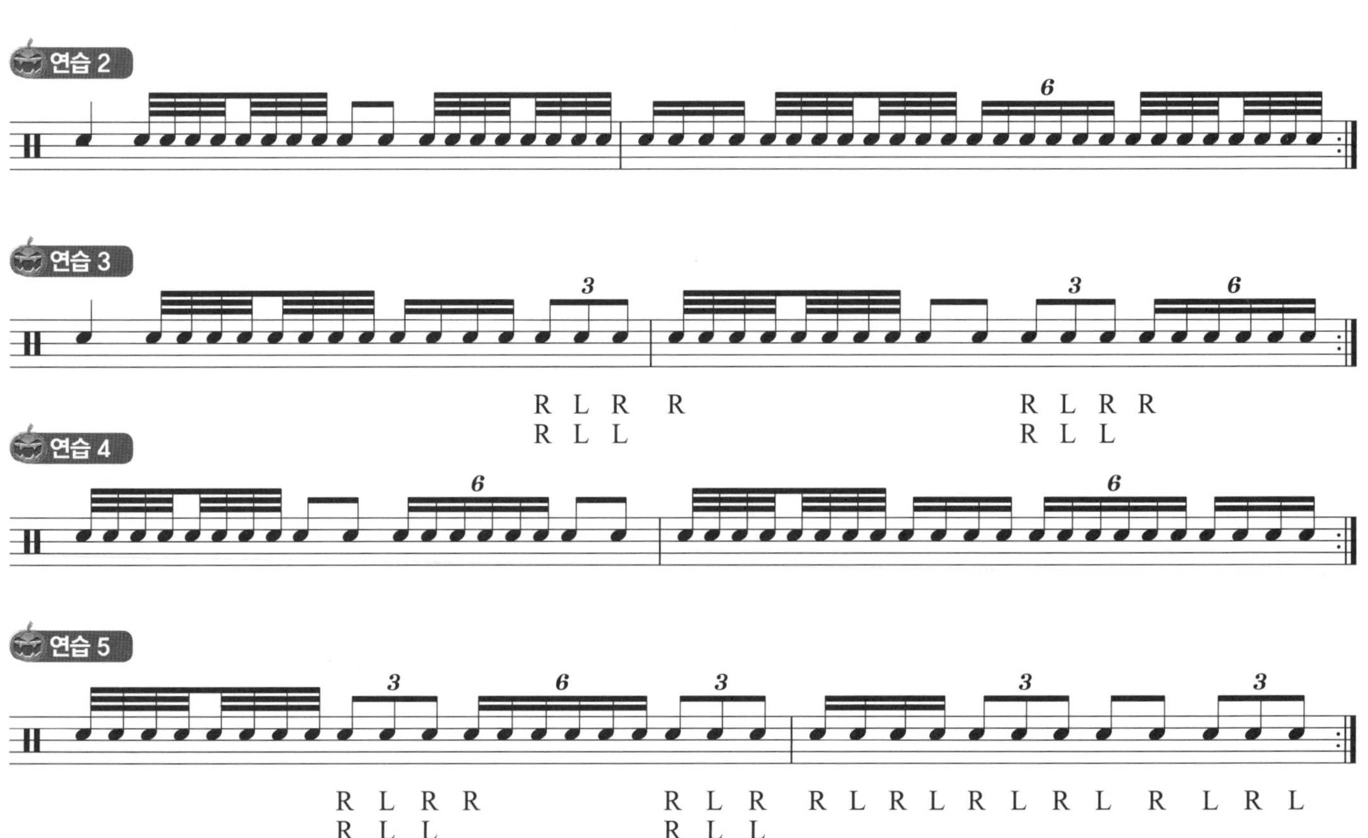

LESSON 8

응용연습

❗ 리듬이 바뀔 때 음표가 뭉치거나 늘어나지 않게 주의하자!

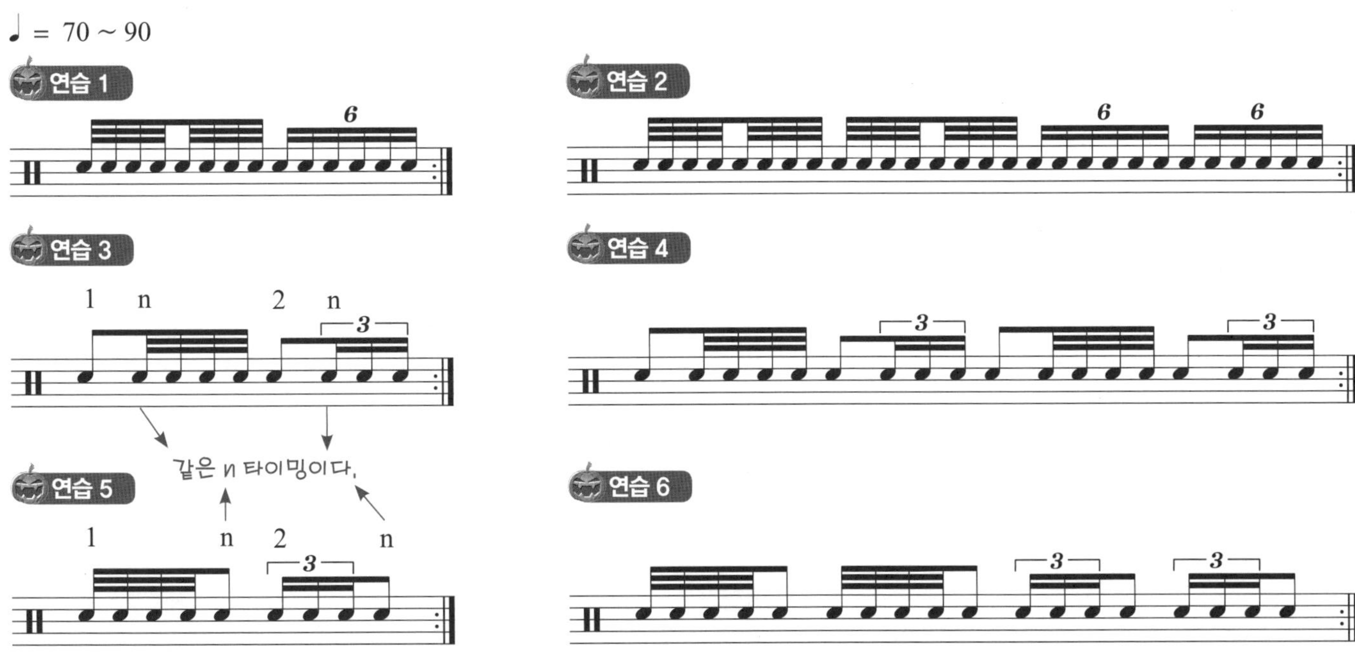

어려운 리듬은 아주 느린 템포부터 천천히 올리자.(템포 60이하)

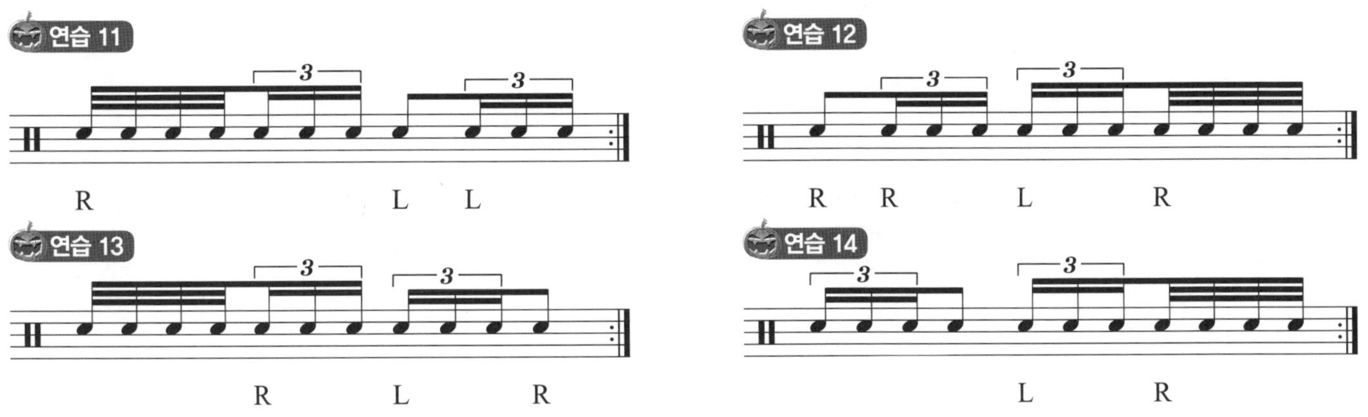

LESSON 9 8마디 스네어 솔로

❗ 리듬이 바뀔 때 음표가 뭉치거나 늘어지지 않도록 주의하자. 메트로놈 필수!

♩ = 75 ~ 95 이상

연습 1

n

'n'에 정확히 떨어지도록!

연습 2

연습 3

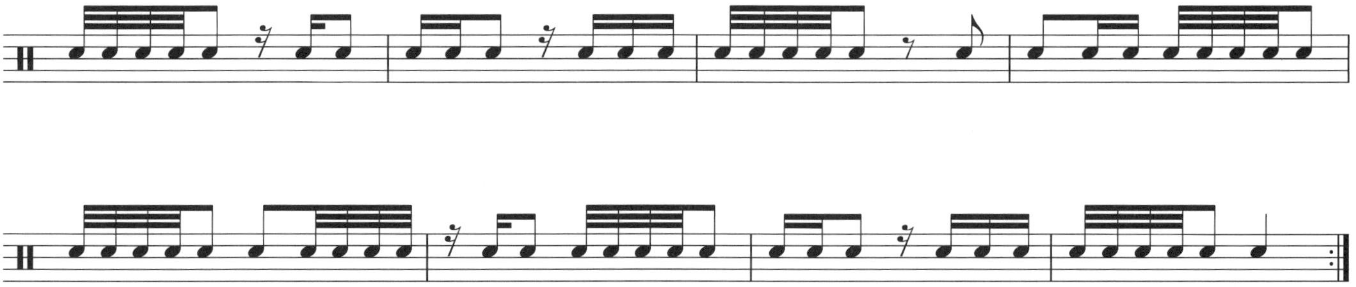

연습 4

LESSON 10 8마디 스네어 솔로

❗ 32분음표에 힘이 들어가지 않도록 주의하자.

연습 1

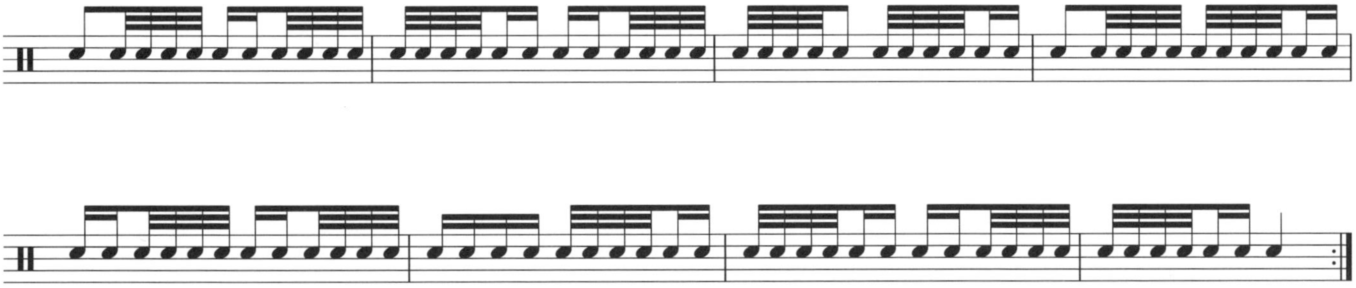

연습 2

연습 3

연습 4

LESSON 11 8마디 스네어 솔로

연습 1

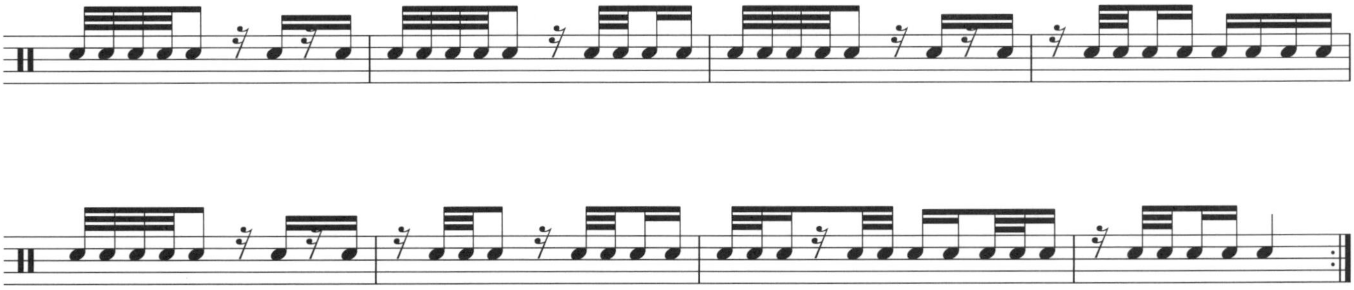

연습 2

연습 3

얼터네이트 패턴 활용

연습 4

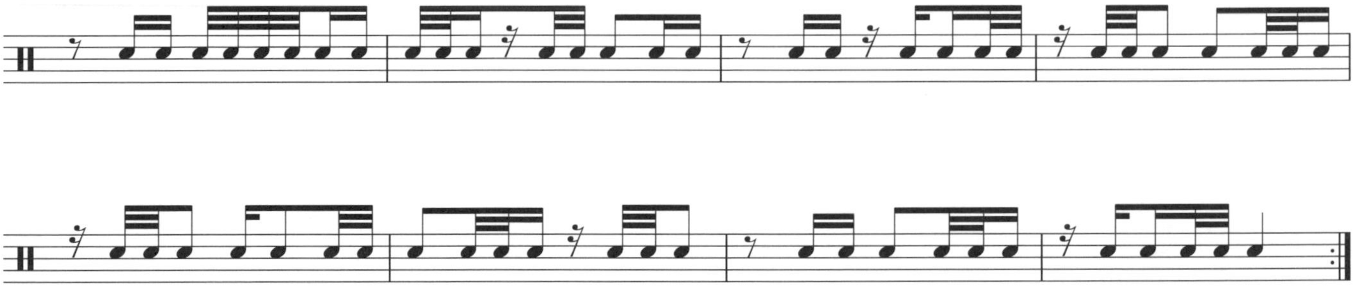

LESSON 12 8마디 스네어 솔로

연습 1

연습 2

잠깐! 어려운 리듬은 무조건 느린 템포부터 연습하자!

연습 3

연습 4

LESSON 13 8마디 스네어 솔로

❗ 32분음표라고 해서 항상 템포가 빠른 것은 아니다. 느린 곡도 많으므로 느린 템포에서 정확하게 치는 것도 중요하다.

연습 1

연습 2

연습 3

연습 4

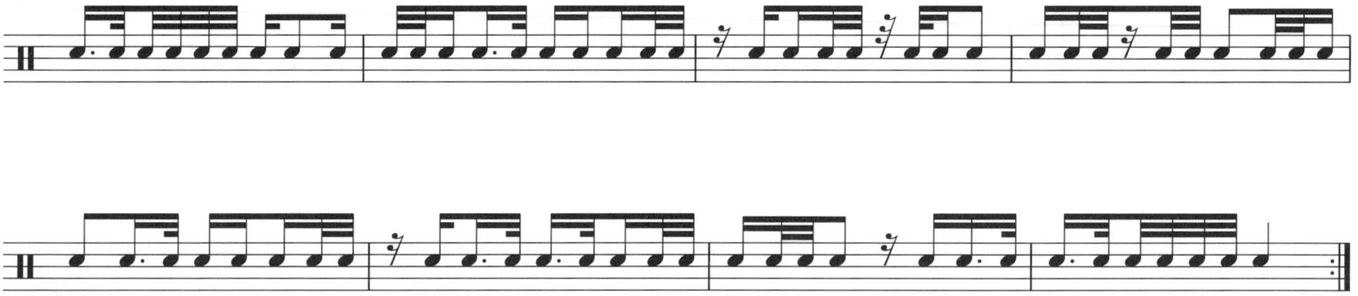

LESSON 14 8마디 스네어 솔로

연습 1

연습 2

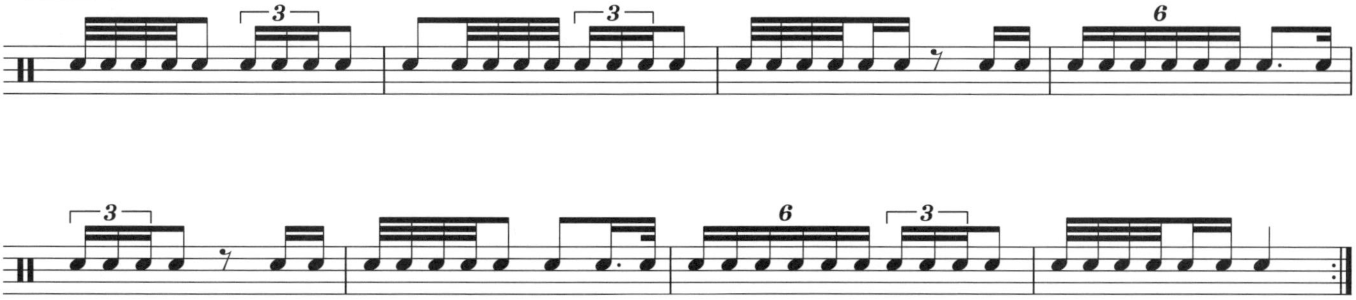

연습 3

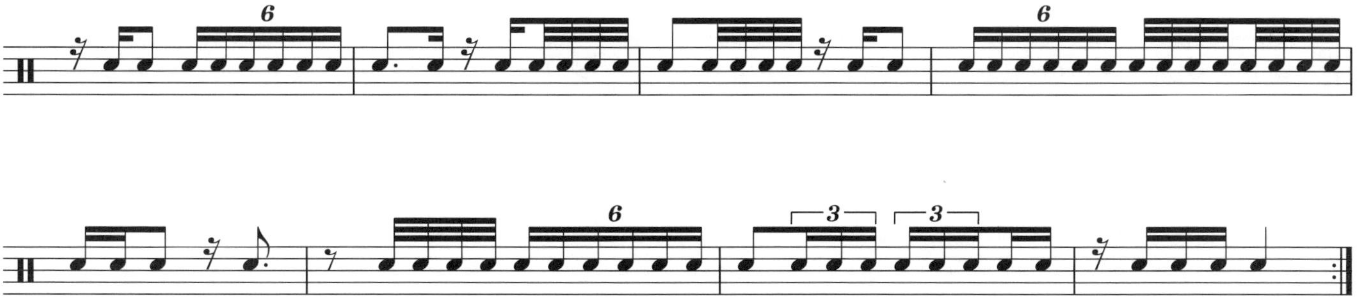

연습 4

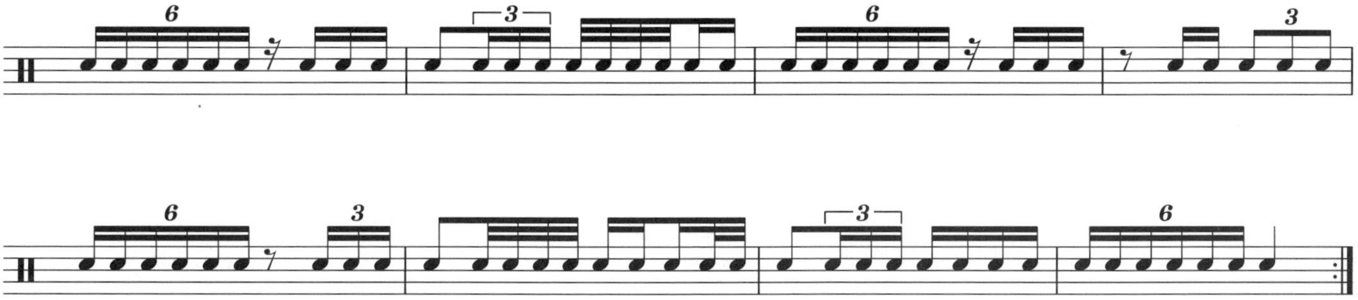

LESSON 15 8마디 스네어 솔로

연습 1

3 3 6 3

3 3

연습 2

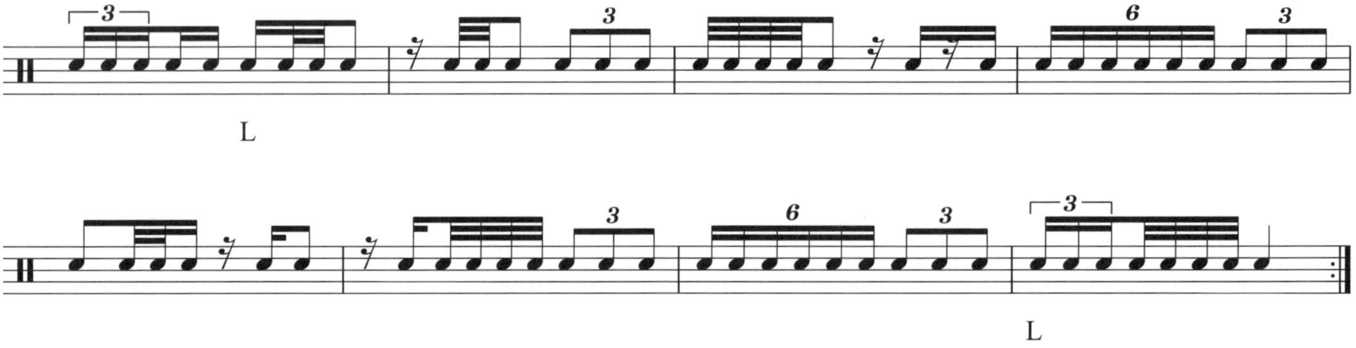

3 3 6 3

L

3 6 3 3

L

연습 3

6 6 3 3

6 3 3 3

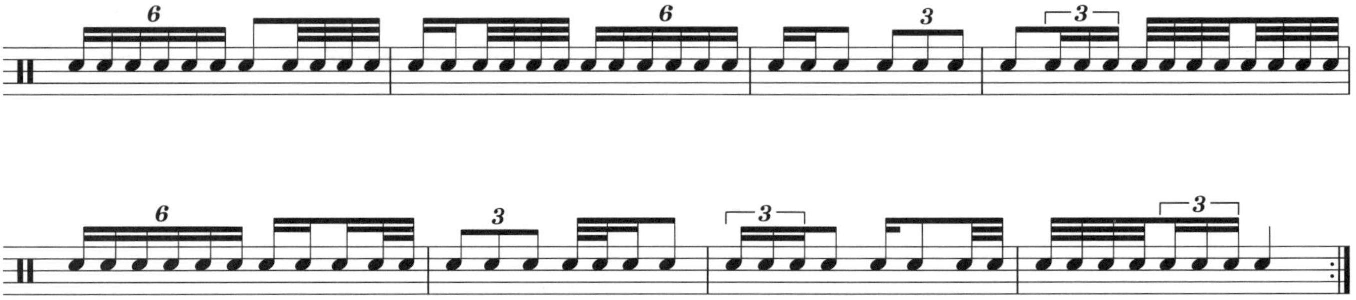

연습 4

3 3 3 6 3

L L

3 3 6 3 6

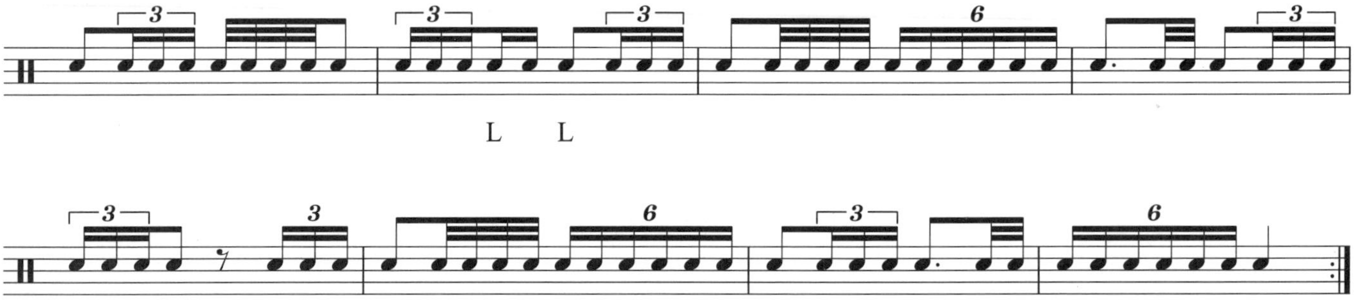

LESSON 16 8마디 스네어 솔로

연습 1

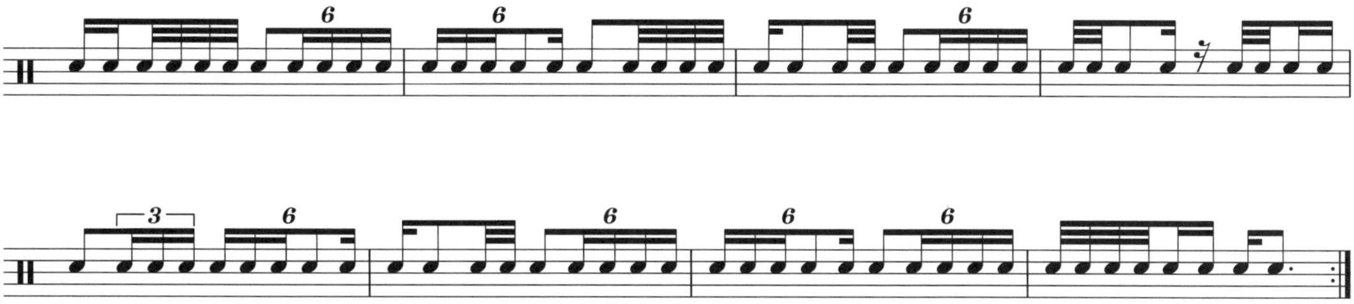

6 6 6 6
3 6 6 6 6 6

연습 2

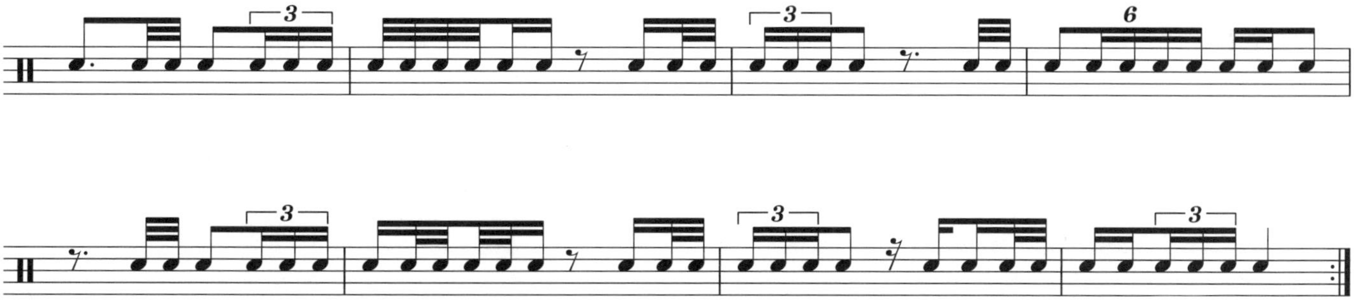

3 3 6
3 3 3

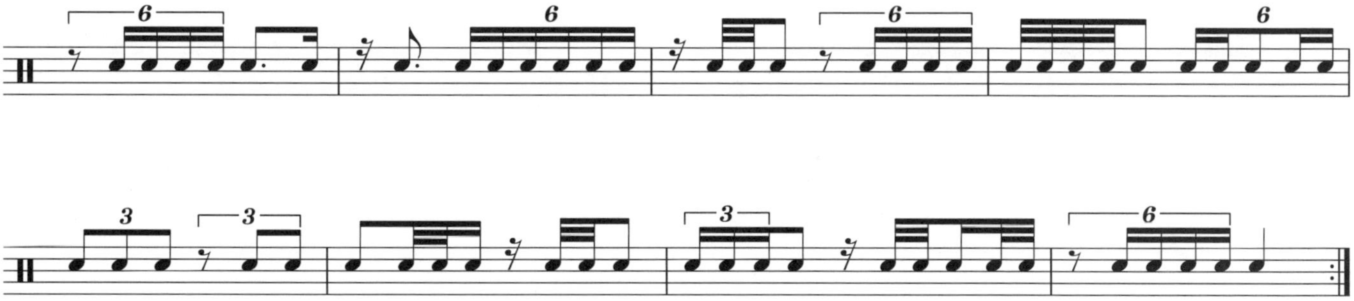

연습 3

6 6 6 6 6
3 3 3 6

연습 4

6 6 6 6
6 3 3 6 3

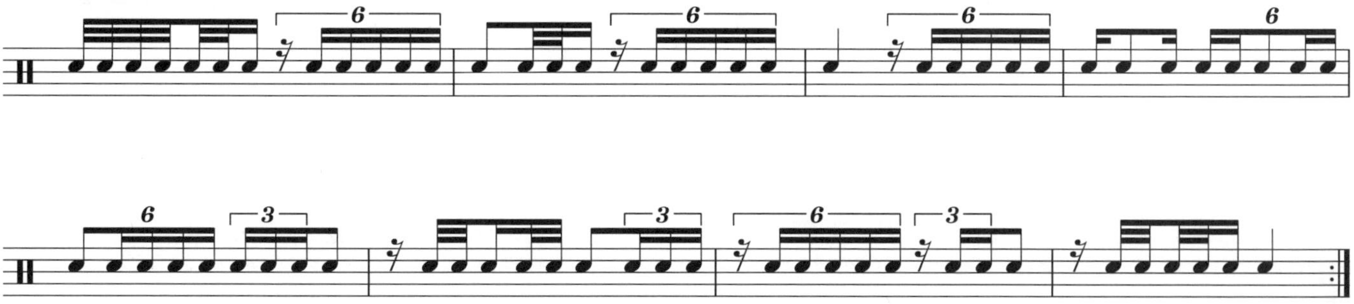

LESSON 17 32분음표 악센트

❗ 4연음 악센트가 32분음표로 바뀐 것이라 어려울 것은 없다. 단지, 32분음표인 만큼 속도를 많이 올리도록 하자.

♩= 90이상

연습 1

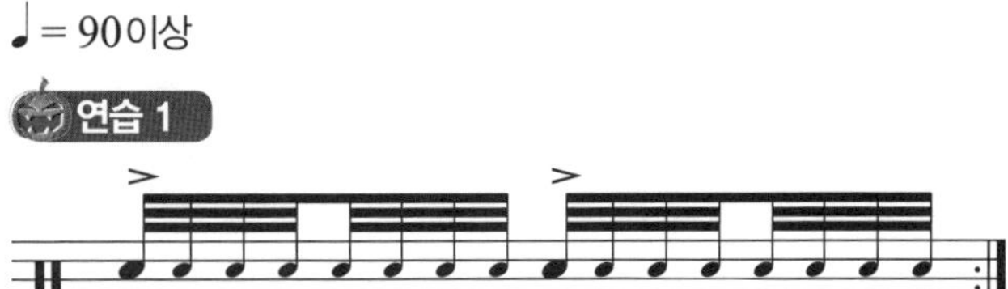

연습 2

연습 3

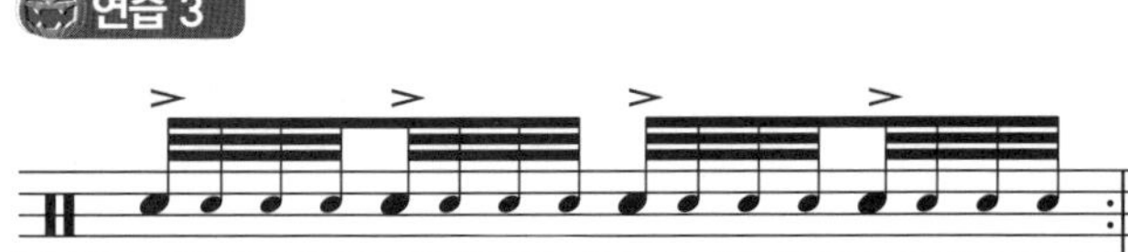

연습 4

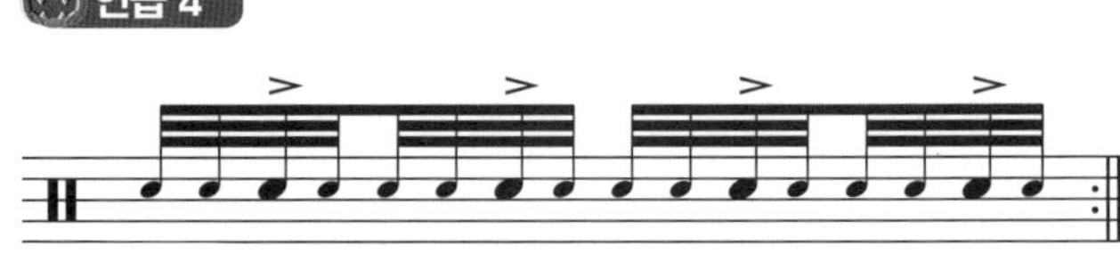

연습 5

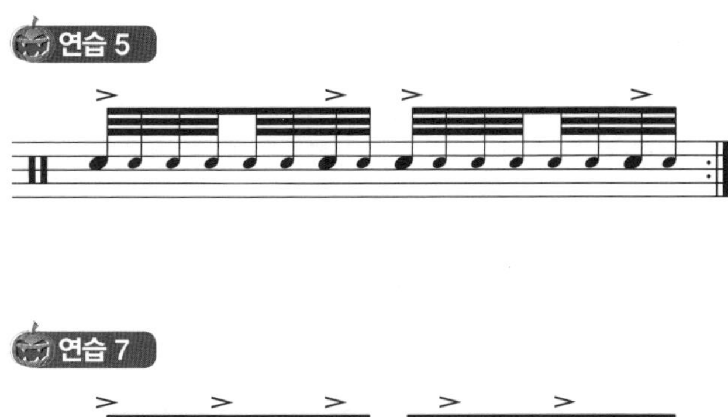

연습 6

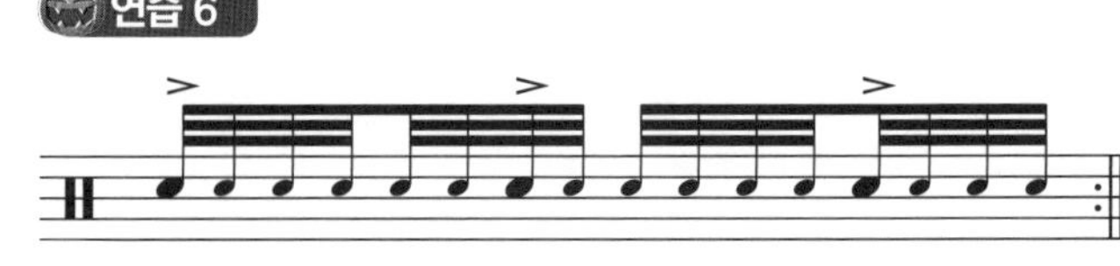

연습 7

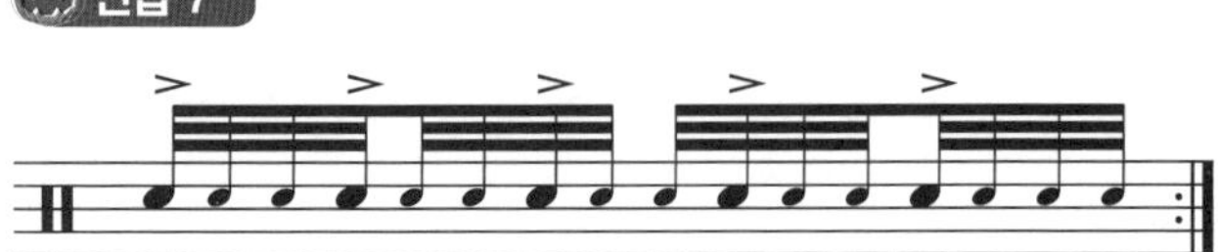

연습 8

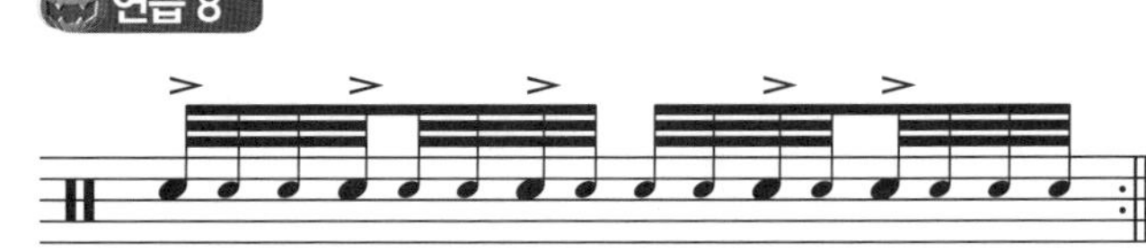

연습 9

연습 10

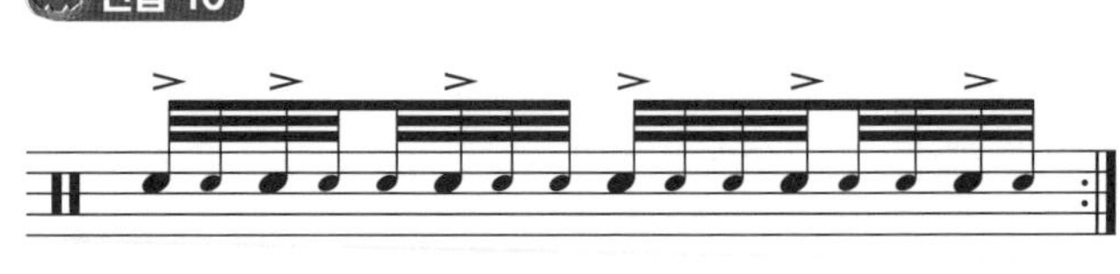

연습 11

연습 12

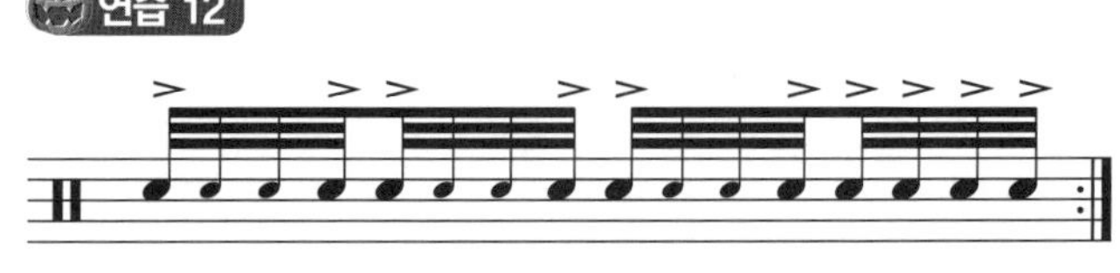

LESSON 18

8마디 스네어 솔로

연습 1

연습 2

연습 3

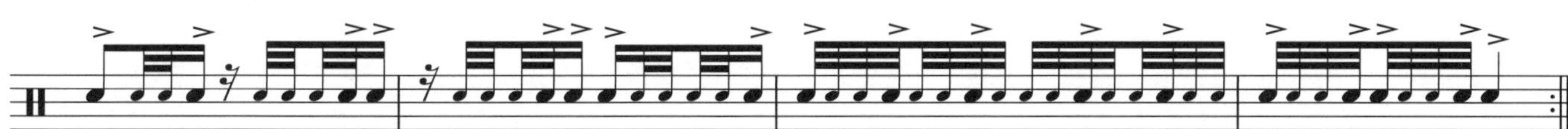

연습 4

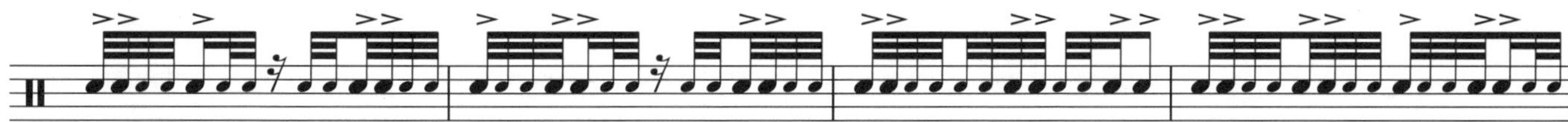

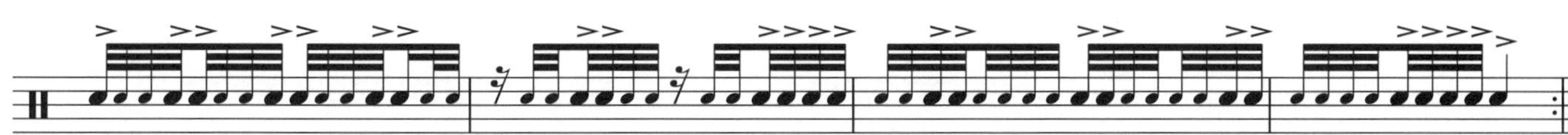

LESSON 19 4마디 스네어 솔로

연습 1

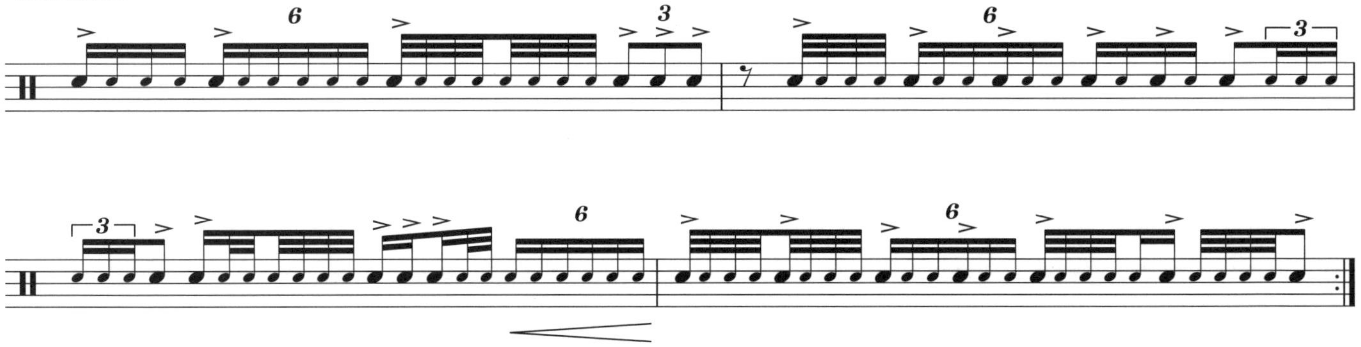

연습 2

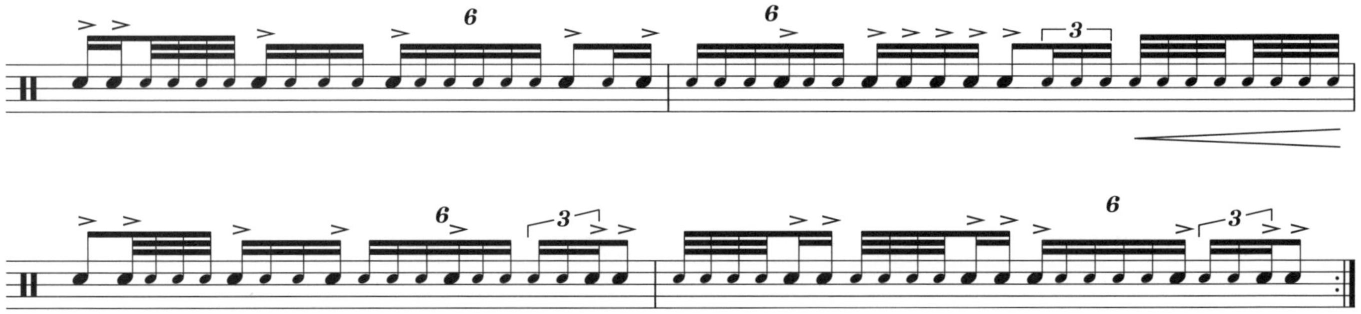

연습 3

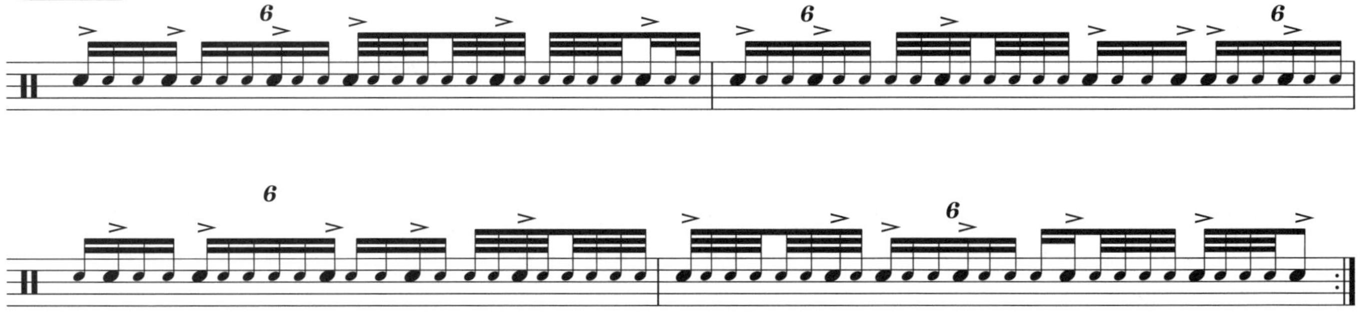

연습 4

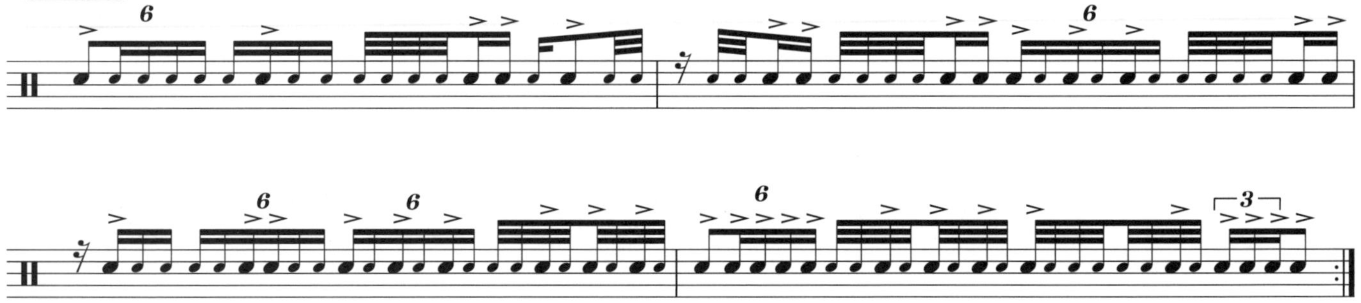

이 책을 다 본 후 추천 교재

- George Lawrence Stone의 Stick Control, Accent and Rebounds
- Gary Chaffee의 Sticking Patterns, Technic Patterns, Rhythm and Meter Patterns
- Anthony J. Cirone의 Portraits In Rhythm

전재욱

동의대 실용음악과 휴학
육군 본부 군악대 타악기
전)J2 실용 음악학원 드럼 강사,
전)(주)피아노홈 Drum &Joy 드럼 프로그래머
(주)피아노홈 CCM 드럼 과정 프로그래머
전)(주)SK 뮤직홈 강사
전)밴드 Suntune,밴드 DAPl 드럼
현)(부산) R&R Studio
현)(김해) 예인 음악학원 운영 외 다수 학원 출강
현)밴드 RedCline 리더 (작곡,Rap,Drum)

저서
펌킨스 베이직 드럼 연주곡집 1, 2, 3 (SRM)

펌킨스 드럼 루디먼트

싱글 스트로크와 악센트 편

2016년 10월 15일 발행
2025년 3월 1일 개정판 1쇄 발행

지은이 | 전재욱
펴낸이 | 하성훈
펴낸곳 | 서울음악출판사
주소 | 서울시 서초구 반포대로 22길 85 에덴빌딩 3층
전화 | 편집부/02-587-5158·영업부/02-587-5157
인터넷 홈페이지 | www.srmusic.co.kr
등록번호 | 2001-000299·등록일자 | 2001년 4월 26일

값 18,000원
ISBN 979-11-6750-141-7